ほんとはこんなに残念な日本史の偉人たち

後藤寿一・監修
Jyuichi Goto

JIPPI Compact

実業之日本社

はじめに

日本史に登場する偉人・有名人が、光り輝き活躍した「その後」について語られることは多い。それらを扱う書も、多く刊行されている。たとえば、豊臣秀吉。

豊臣秀吉は、天下統一を成し遂げて得意満面。しかし「その後」は、老耄《ろうもう》の果てに明の征服を試みて大失敗。時世の句にある〝難波《なにわ》のことも夢のまた夢〟だった。また、明治期に来日し札幌農学校で俊英を育て、「少年よ大志を抱け」の言葉を残してアメリカに去ったクラーク博士。

クラーク博士は、「その後」、アメリカに帰って事業家に転進。銀鉱山の会社を興したのだが、銀などどこからも出てこず、多大な負債を抱えて没した……といった具合。

このように、偉人たちの「その後」には、興味をそそられる。

ならば、偉人たちの〝その前は?〟として企画されたのが本書である。有名人・偉人たちが世に出て光り輝き、今日私たちが知る、その前だ。

たとえば俳聖とされている松尾芭蕉《まつおばしょう》。日本のわび・さびを世界に伝え、『奥のほそ道』

などで知られる松尾芭蕉が有名人となる〝その前は？〟。実は松尾芭蕉、世に出る前は江戸の上水道《じょうすいどう》工事に携《たずさ》わっていた。どこか弱々しいイメージの文人・芭蕉の前歴は、肉体労働者だったのだ。そのきちんとした記録も残っている。そこで培《つちか》った体力があって、東北までの『奥のほそ道』が成ったのかもしれない。

また、正確無比の日本地図を自らの足（徒歩）で作りあげた伊能忠敬《いのうただたか》。地図を作ることを志したのは50歳を過ぎてからで、その前は地図（測量）などとはまったく無縁の、千葉の傾きかけた商家に養子として入り、商売に精を出している。世界が驚いた正確無比の『大日本沿海輿地全図《えんかいよちぜんず》』を作り上げた伊能忠敬も、〝その前〟は、千葉の佐原《さわら》で算盤をパチパチはじいた初老の商人だったのだ。

このように、日本史の有名人・偉人の「その前」をたどっていくと、何とも意外で面白い話が浮かび上がってくる。それを楽しく集めてみた。教科書では教えてくれない偉人たちの意外な前歴を楽しんでいただければ幸いである。

後藤寿一

《目次》

第一章 できれば隠したい!? 偉人たちの若気の至り

第二章 歴史人物のイメージを覆す意外な「前歴」

第三章 偉人たちの性格に裏打ちされた納得の前歴

第四章

定説崩壊⁉ 教科書には記されない意外な出自伝説

カバーデザイン・イラスト／杉本欣右
本文デザイン・DTP／Lush!
本文図版／イクサデザイン

第一章 できれば隠したい!? 偉人たちの若気の至り

野口英世
徳川光圀
陸奥宗光
伊藤博文
葛飾北斎
南方熊楠
渋沢栄一
岩崎弥太郎
前田利家
塙保己一
西行
藤堂高虎
本多正信
三島由紀夫
頼山陽

野《の》口《ぐち》英《ひで》世《よ》

千円札の肖像画に用いられている「世界のノグチ」改名に隠された放蕩の前歴とは!?

after 日本人初のノーベル賞候補になるほどの業績をあげる

野口英世は、梅毒菌《ばいどくきん》の発見や黄熱病《おうねつびょう》の研究などで、日本だけでなく、「世界のノグチ」として知られている。

野口英世は、会津《あいづ》の貧しい家に生まれ、幼い頃、囲炉裏《いろり》に落ちて大火傷を負い、左手の指の皮膚がくっついたままというハンデを背負った。しかし、一心に勉学に励んだ結果、周囲から援助の手が差し伸べられて手術を受け、左手の自由を回復。これをきっかけに医学の道を志し、東京で医師になると、明治三三年（一九〇〇）にアメリカへ渡って経験を重ね、梅毒菌の発見や黄熱病の研究などで多くの人の命を救った。その業績から、たびたびノーベル賞の候補にあがったのだが、アフリカに渡って黄熱病の原因を突き止める途上で、自身がその黄熱病に倒れ昭和三年（一九二八）五月二一日、息を引き取った。

この野口英世の生涯は、伝記物語でもおなじみだし、誰もが心を打たれることだろう。

だが英世という名前は改名されたもので、もともとは清作《せいさく》だった。しかも、改名しなければならないと自ら思いつめるほどの〝黒歴史〟があったことは、あまり知られていない。

「世界のノグチ」が世に出る「その前」は……？

before ベストセラー小説の放蕩主人公そのままの毎日に明け暮れる

明治二九年（一八九六）、会津から上京した一九歳の野口は、母や支援者たちの恩に報いるべく、勉学に打ち込んだ。だが、それと並行して生来のだらしなさというか、放蕩《ほうとう》生活に浸るようになっていた。学費を援助されているというのに、酒を飲んでは商売女のところに出かけるので、すぐにそれを使い果たしてしまう。しかも、なお友人たちから借金をしてまで飲んだくれる……。

もっとも野口は勉学の手は抜かず、翌年には医師の資格試験に合格し、二〇歳にして高山歯科医学院の講師になった。それでも遊び癖は直らず、手にした給料はその夜のうちに使ってしまう。そんな有様なので、医師免許の交付に支払うわずかな金もなくて交付が受けられなかったばかりか、病室を巡回するときに着る洋服もなく、支援者に長い手紙を書いて洋服代を無心するような生活を続けていた。

そうしたある日、故郷の恩師である小林栄《こばやしさかえ》の夫人が重病だという知らせが届いた。野口は小林宅に滞在して看病をしながら、知人から借りた本をふと手に取った。それは坪内逍遙《つぼうちしょうよう》の小説でベストセラーとなった『当世書生気質《とうせいしょせいかたぎ》』だったが、ページを繰っているうち、野口は愕然とした。何しろ、主人公の書生の名が「野々口精作《ののぐちせいさく》」で、野口清作と見間違うほど似ている。しかも野々口は田舎から東京に出た秀才の医学生で、将来を嘱望《しょくぼう》されていながら遊里に通って堕落した生活を重ね、最後は……自殺してしまうのである。

自分とそっくりな生活を送る主人公の姿を見て恥じ入り、真剣に思い悩んだ野口は、小林にもそれを読んでもらい、何とかしてくださいと頼み込んだ。野口の放蕩ぶりを知っていた小林は、「よく当たっているじゃないか」と笑ったものの、これは野口がモデルではと真剣に考えたほどである。

とはいえ、『当世書生気質』に野々口精作が登場したのは、清作がまだ九才の時。モデルになりようがない。しかし、清作はたまらなかった。この名前をもっといい名前に変えてほしいとさらに小林に頼み込んだのだ。なにより教え子の頼みである。そこで清作に勧めたのが「英世」への改名であった。

その名前には、医者の英雄になって、世界でよい仕事をしてほしいという願いが込められている。野口は、名前負けしないようにしますと誓い、野口英世として生まれ変わった。そして細菌学への関心を深め、アメリカ留学を目指すようになったのだ。

徳《とく》川《がわ》光《みつ》圀《くに》

カッカッカ……と
大口を開けて事件を収める黄門様
実在した水戸の名君は札付きのワルだった！

after 諸国漫遊などしなかったのに、名君とされているのは……

徳川光圀は水戸黄門《みとこうもん》のモデルとなった水戸藩第二代藩主である。助さん格さんを伴っての諸国漫遊がフィクションであることはよく知られているが、光圀は江戸時代を代表する名君のひとりとして賞賛されてきた。

これは光圀が、兄で長男の頼重《よりしげ》がいたにもかかわらず三男の自分が藩主になったのは儒教の教えに背くとして、自分の子ではなく頼重の子を後継としたことや、学問を奨励して『大日本史』の編纂を始めたことによる。さらに藩政改革にも積極的に取り組み、のちに名君と讃えられる光圀だが、しかし若き日の光圀の行状は決して誉められたものではなかった。

☞水戸光圀が名君となる「その前」は……？

before

後継者としてのプレッシャーだったのか

光圀は幼い頃から気性が荒かった。兄の頼重は温和な性格だったが、一緒に武術の稽古《けいこ》をすると、光圀があまりにしつこく、しかも激しすぎて殺し合い寸前になってしまうので閉口していた。そのためか光圀は父の頼房に脇差しを取り上げられ、丸腰で歩いていた。

少年期になると、激しさに加えてさらに不良じみた行動をとるようになる。水戸藩の重臣で光圀の傅役《もりやく》を務めた小野角衛門《おのかくえもん》は、光圀の一三歳から一六、七歳までの行状を「小野《おの》諫草《かんそう》」という文書に書き残している。

光圀の身なりは華美で異様で、挨拶の仕方や歩く姿も、蓮っ葉者《はすっぱもの》、傾奇者《かぶきもの》にほかならなかった。傾奇者とは戦国時代末期に登場した異風を好み、派手な身なりをして常識を逸脱した行動に走る者たちのことである。当然、旗本《はたもと》衆の間でも「(光圀は)言語道断の傾奇者で、あの体たらくでは、行く末も笑止笑止……」という噂が広がっていた。

しかも光圀の乱暴は、庶民にも向けられていた。光圀は辻相撲《つじずもう》にしばしば出たのだが、あるとき、味方が負けるや、腹いせに仲間と共に刀を抜き、相手を裸のまま退散させている。また遊里からの帰り、悪友にそそのかされて、浅草で罪もない人を斬り捨ててもいる。父の頼房《よりふさ》はしばしば訓戒を垂れたが、光圀は聞き入れようともしなかった。

水戸光圀周辺系図

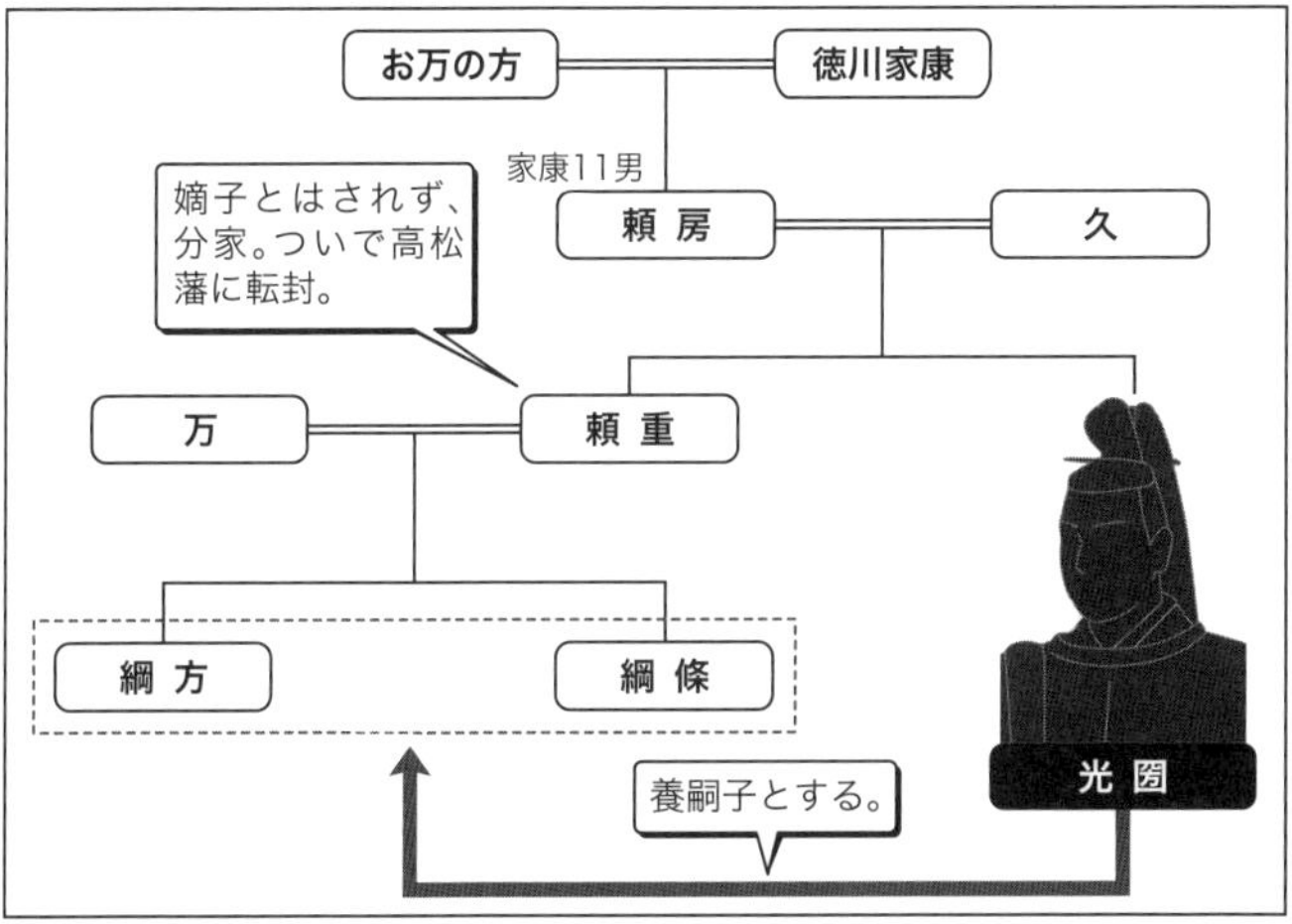

水戸光圀は、兄を差し置いて水戸家を継いだことに生涯負い目を感じていたとされる。

光圀にとって後継者に指名されたことが、よほどの重圧だったのではという説がある。

親孝行で旗本衆の評判もよい兄の頼重は、寛永《かんえい》一六年（一六三九）に下館《しもだて》五万石に封じられており、この頃から光圀の傾奇者としての振る舞いが始まっているからである。

光圀の非行はその後三年ほど続いた。そうした生活を改めたのは、一八歳になった頃。『史記《しき》』に収録される伯夷《はくい》・叔斉《しゅくせい》の物語を呼んだことがきっかけだったという。

これは父王から弟の叔斉に位を譲ることを伝えられた長兄の伯夷が、遺言に従おうとするも、叔斉が兄を差し置いて王位に就くことを拒み、ともに国を捨てて出国してしまうというもの。この伝記を読んで感銘を受けた光圀は心を改めたという。

陸奥宗光《むつむねみつ》

切れ味の鋭さからカミソリ大臣と恐れられた陸奥宗光の、恐るべき前科とは!?

after 紀州藩を脱藩して志士たちと行動を共に

陸奥宗光は明治政府の念願であった不平等条約の撤廃、下関条約の締結などに貢献した。

紀州藩の重臣の子として生まれた陸奥は、江戸に出て学ぶうちに長州《ちょうしゅう》や土佐《とさ》の志士《しし》らと交流するようになり、脱藩《だっぱん》して坂本龍馬《さかもとりょうま》の海援隊《かいえんたい》に入り、尊攘《そんじょう》運動に奔走。のち維新政府が成立すると、すぐさま外国使節への対応や、外国軍艦の購入、地租改正《ちそかいせい》の立案などに手腕を発揮し、重要な役職を歴任した。ことに第二次伊藤博文《いとうひろぶみ》内閣では外務大臣として、日英条約改正を成功させるとともに、以後次々と各国との条約改正を手がけ、そのほとばしるような才知と機敏な行動力から〝カミソリ外相〟と畏怖された。

☞かくして近代日本外交史に輝く偉業を成し遂げた陸奥の「その前」は……?

before 薩長の藩閥人事に怒り狂う

陸奥のクーデター計画

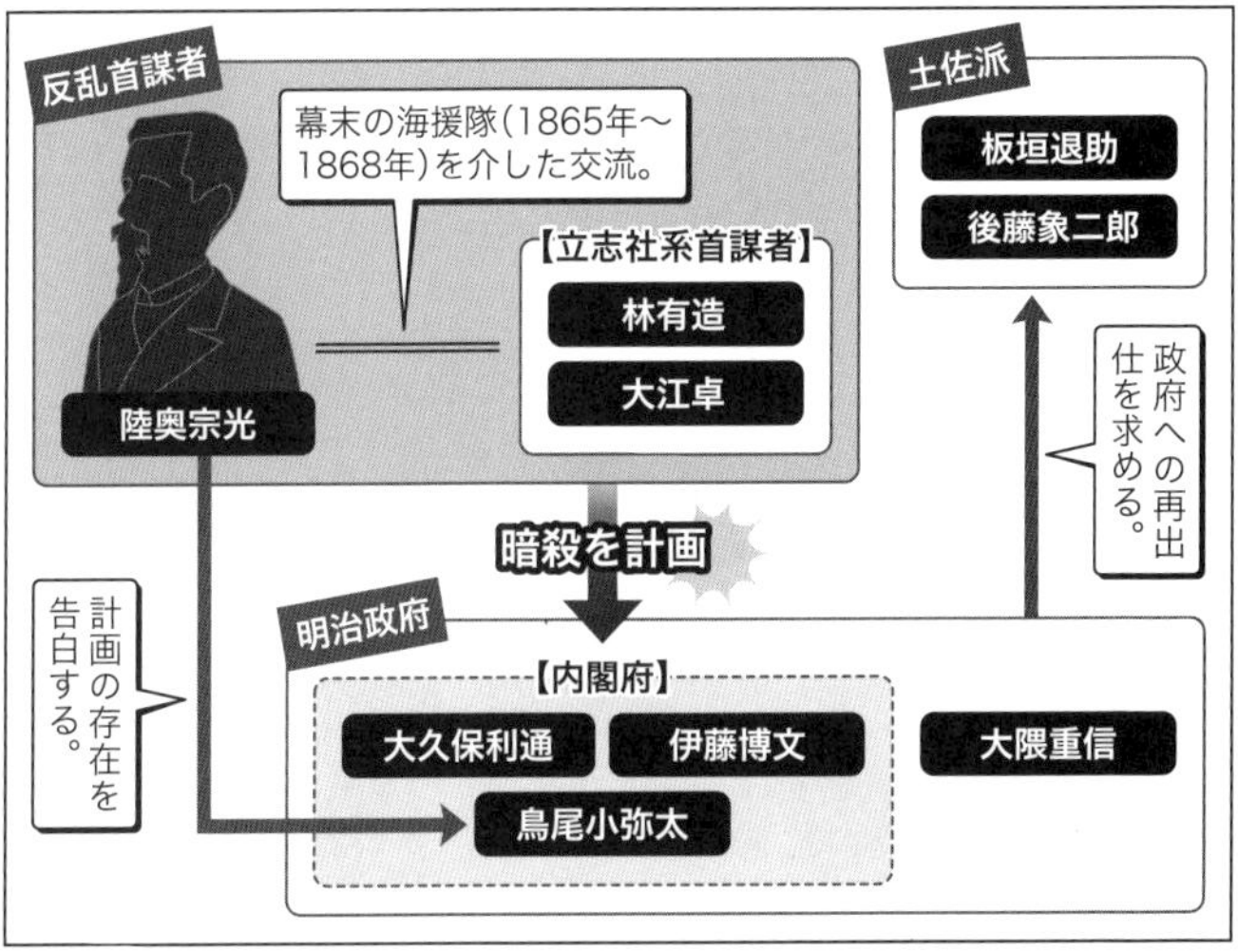

陸奥は西南戦争に乗じて政府転覆を狙うクーデター計画に参加していた。

紀州出身の陸奥は、薩長出身者がほとんどを占める明治政府では異色の存在だった。政府の中枢として活躍しつつも、能力のない人間が薩長の出身だというだけで出世していくのを、鬱々《うつうつ》とした思いで見ていた。

大蔵省の地租改正事務局長の職にあって卓越した事務能力を発揮してきた陸奥だが、政争に敗れた西郷隆盛《さいごうたかもり》、板垣退助《いたがきたいすけ》らが下野《げや》し、かつての同僚であった伊藤博文や寺島《てらしま》宗則《むねのり》らが閣僚となるのを見て、ついに怒りを爆発させた。陸奥は「日本人」を著して藩閥政治を痛烈に批判すると、辞表を叩きつけて下野したのである。

その後、明治八年（一八七五）に元老院《げんろういん》議官となったものの、明治一〇年（一八七七）に西南戦争が起きると、これに乗じて政府転覆を狙う土佐派の動きに加担した。陸奥は海援隊加盟以来、板垣退助の立志社《りっししゃ》などの土佐派との交流があったが、現役の高官がクーデターを画策するなど前代未聞である。

計画は和歌山と高知で挙兵し、それに呼応して東京では大久保や伊藤ら政府の要人を暗殺、陸奥は兵を率いて大坂鎮台《ちんだい》に攻め入るというものだった。しかしこれは、連絡に用いた暗号電報によって発覚する。陸奥は何食わぬ顔をして元老院で事務にいそしんでいたが、もう逃れられないと観念して自首しようとしたところを逮捕された。そして国事犯として、明治一一年（一八七八）から五年の刑に服したのである。

もっともこの経験は、後の政治人生に生きることとなった。獄中の陸奥は、ベンサムの功利主義の著作などを翻訳して過ごし、出獄するとイギリス、オーストリアに留学、帰国後はまた外務省の公使として返り咲いたのである。しかも、入獄したのは板垣らをかばうためという意味合いも強かったので、土佐派とのつながりが一層強固になった。

陸奥が第二次伊藤内閣に入閣する際、明治天皇が難色を示したという逸話が伝えられている。これは明治天皇の側近には薩摩の人間が多く、彼らが陸奥を蛇蝎《だかつ》のごとく嫌っていたためで、それが天皇にまで影響を及ぼしたようだ。にもかかわらず伊藤は陸奥を外相とし、その内閣には板垣ら自由党も協力的だった。そのため陸奥は、不平等条約改正や下関条約締結などを円滑に遂行することができたのである。

伊《い》藤《とう》博《ひろ》文《ぶみ》

幕末からわずか二十余年で近代国家を創りあげた明治の元勲は、国学者暗殺の前科持ちだった！

after
日本国憲法（明治憲法）を制定するなど日本の近代化に尽力

伊藤博文は、日本の近代化の礎《いしずえ》を築いた第一の人物として知られる。伊藤は、近代国家・日本の骨組みを構成するものとして憲法に着目。その範をフランスではなくドイツに求め、苦心の末、日本に合った「日本国憲法（明治憲法）」を作成。さらには四度（初代・五代・七代・一〇代）にわたって内閣総理大臣となり、日本の近代化に邁進《まいしん》。明治の輝かしい元勲《げんくん》として肖像画が千円札の絵板として用いられたこともある。

☞**明治の元勲・伊藤博文の「その前」は……。**

before
「明治の元勲」も、実はテロリストだった

かつての千円札に用いられた伊藤博文の肖像画を見ると、伊藤は立派な髭《ひげ》とともに、穏やかな眼差しをしている。が、それは元勲となったあとのこと。「その前」は、乱暴者

――と言うよりも冷酷なテロリストだった。

伊藤のテロ履歴の始まりは、文久《ぶんきゅう》二年（一八六二）六月の長州藩直目付《めつけ》の長井雅楽《ながいうた》の暗殺計画である。長井は、藩としても開国主義や公武合体策を取るよう建策したため、攘夷派の憎悪の対象だった。伊藤はこの長井を狙った。だがこれは未遂に終わる。

次いで同じ年の一二月のイギリス公使官の焼き討ち事件だ。伊藤は、高杉とともにこの計画を実行し、品川御殿山《ごてんやま》に建設中だったイギリス公使館への火付け役を担当している。

このの ち、伊藤は国学者の塙忠宝《はなわただとみ》を暗殺する。

塙忠宝は、同じく国学者として名高い塙保己一《はなわほきいち》の息子で、それが老中《ろうじゅう》・安藤信正《あんどうのぶまさ》の命によって孝明《こうめい》天皇を廃位に追い込むための故事を調べているという噂が流れた。これは完全な間違いで、塙は寛永《かんえい》以前の幕府が行なっていた外国人に対する式典について調査していただけなのである。安藤信正が幕府の最高権力者となって公武合体政策を推し進めるなど、いわば松下村塾の門人たちの宿敵ともいうべき人物だったため、伊藤は、噂の真偽を確かめようともせず塙の殺害計画を練った。

伊藤は、同じ長州藩の山尾庸三《やまおようぞう》と共に、国学を学びたいと偽ってあらかじめ塙の自宅を訪ね、容貌を確かめておいた。そして家の前で待ち伏せし、和歌の会に出ていた塙が帰宅したところを斬り伏せたのである。翌日、塙は死亡し、犯人は不明のままだった。

伊藤博文が関与したテロ事件

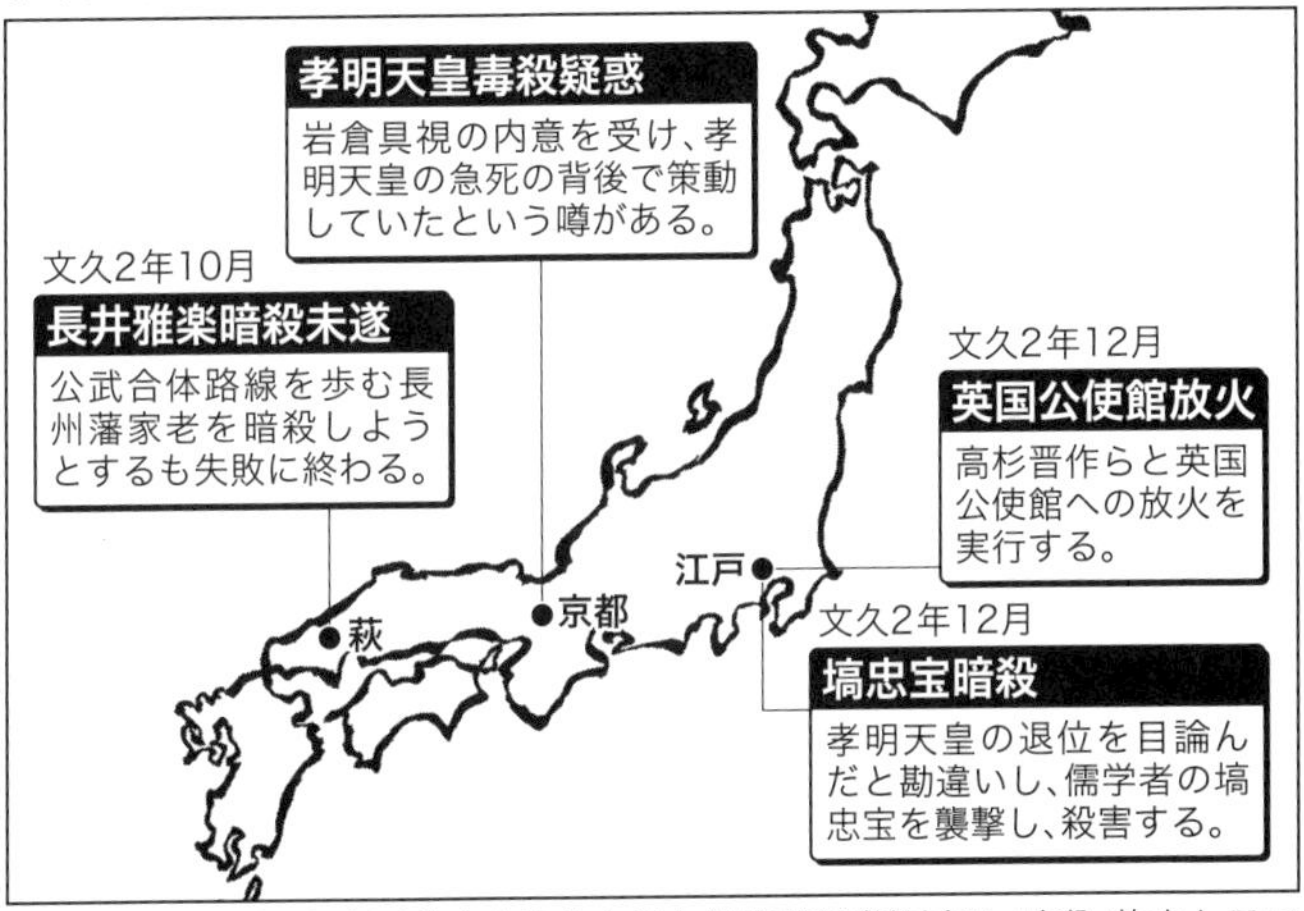
孝明天皇毒殺疑惑
岩倉具視の内意を受け、孝明天皇の急死の背後で策動していたという噂がある。
文久2年10月
長井雅楽暗殺未遂
公武合体路線を歩む長州藩家老を暗殺しようとするも失敗に終わる。
文久2年12月
英国公使館放火
高杉晋作らと英国公使館への放火を実行する。
江戸
京都
萩
文久2年12月
塙忠宝暗殺
孝明天皇の退位を目論んだと勘違いし、儒学者の塙忠宝を襲撃し、殺害する。

文久2年（1862）、志士活動を本格化させた伊藤俊輔（博文）は、暗殺・放火とテロ行為を積極的に繰り返している。

だが伊藤は、衣類に血痕がついたまま市中を通って帰ったが、誰にも見とがめられなかったなどと、犯行の経緯をまるで自慢するかのように語っていた。

伊藤がこのような攘夷思想から脱却したのは、文久三年（一八六三）年に藩命によって留学してからのことである。

長州藩の若者五人は、ロンドンに着くや、西洋文明に衝撃を受ける。伊藤は、攘夷政策が無益で危険であることを長州藩に説くため、三年の予定の留学を半年で切り上げて帰国するほどだった。そして政治家として明治の日本を牽引するのだが、明治四二年（一九〇九）に韓国の独立運動家によって暗殺された。皮肉なことに、最期は自分がテロの標的になってしまったのである。

葛《かつ》飾《しか》北《ほく》斎《さい》

世界の絵画に衝撃を与えた江戸の浮世絵師が、修行時代に経験した痛恨の体験

after 印象派の誕生にも大きな影響を与えた多くの傑作

葛飾北斎は、『富嶽三十六景《ふがくさんじゅうろっけい》』『北斎漫画《ほくさいまんが》』など数々の名作を残し、海外でも評価の高い浮世絵師《うきよえし》である。ことにモネやゴッホなど、ヨーロッパの芸術家たちから熱狂的に支持され、その影響は美術のみならず広い分野に及んで、印象派誕生の要因となった。

北斎は、初めは彫り師の修業をしていたが、のち安永《あんえい》七年（一七七八）、一九歳のときに浮世絵界の大御所《おおごしょ》だった勝川春章《かつかわしゅんしょう》のもとに弟子入りして浮世絵を学ぶようになった。その後は、宗理《そうり》、画狂人《がきょうじん》などおよそ三〇回も画号を変えつつ、狩野《かのう》派、土佐派、西洋画などのあらゆる技法を学んでは自分のものとして吸収していった。

だが売れっ子絵師となったのは四〇代後半と当時としては遅く、七〇代に入ってより大胆で斬新な構図の代表作を次々に発表して絶頂期を迎えた。北斎のあくなき探究心は衰えることを知らず、八〇歳頃からは肉筆画に没頭し、九〇歳で没するまで旺盛に描き続けた。

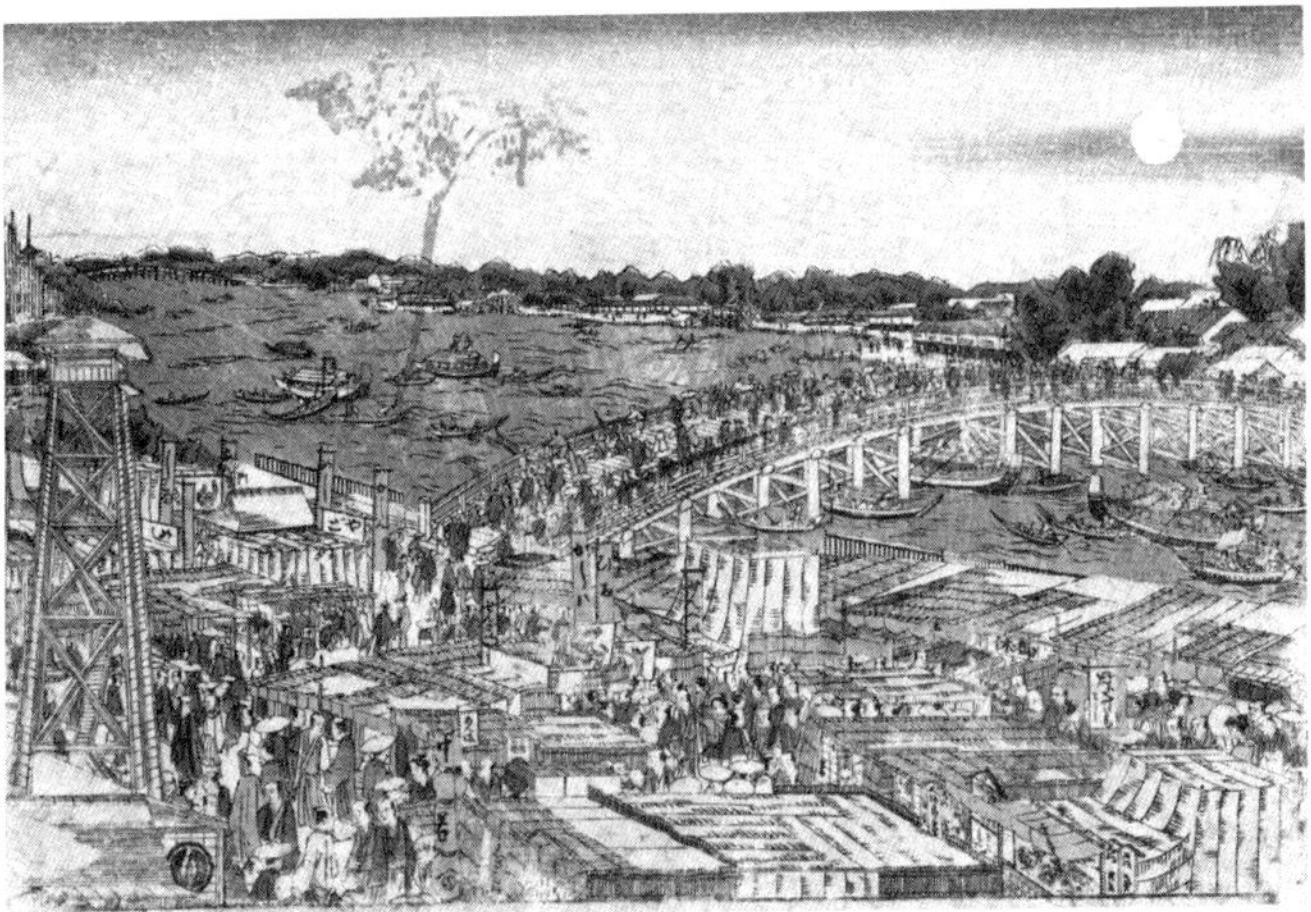

葛飾北斎が春朗時代に描いた作品『新板浮絵両国橋夕涼花火見物之図』。花火の見物人でごった返す両国橋の周辺が描かれている。

☜ゴッホなどにも影響を与えた
北斎の「その前」は……。

before

兄弟子の嫌がらせをバネに新たな境地へ

北斎が世界的な画家になったのは、若いときの屈辱的な体験に起因している。

北斎は、勝川派の絵師のひとりとして春朗という名で浮世絵を手がけるようになったが、多くの作品を発表したにもかかわらず、売れ行きは芳しくなく、貧しい時期が長く続いた。絵だけでは暮らしができず、七色唐辛子や暦を売り歩いて糊口《ここう》をしのぐ日々を送っていた。

だがあるとき、北斎は絵双紙問屋《えぞうしどんや》の依頼で看板を描いた。絵双紙問屋は喜んでそれを店先に飾ったというから出来がよく、北斎も満足する仕上がりだったのだろう。

ところが、そこに兄弟子の春好《しゅんこう》がやって来て、北斎の目の前で絵の稚拙さをあざ笑うと、こんなものを掲げていては師匠の恥を掲げているようなものだと、看板を引き裂いてしまったのだ。おそらく春好は、北斎の才能を見抜いて嫉妬していたのだろう。その場では兄弟子の仕打ちに耐えて怒りを鎮めた北斎だったが、いつか見返してやると心に誓った。

その後間もなく、北斎は勝川派から離脱。寛政《かんせい》五年（一七九三）から勝川ではなく、叢《くさむら》春朗を画号とした。これは、春章に内緒で狩野派の画家のもとに通っていたのが発覚し、師の怒りを買ったためとも、春章が没し、北斎と不仲だった春好が後継者となったためだとも伝えられている。いずれにせよ、北斎は春好に絵を引き裂かれたのを契機に、勝川派を出る覚悟を固めていたのは間違いないだろう。

こののち寛政七年（一七九五）になると、北斎は「宗理《そうり》」という名で作品を発表し始めた。この名は俵屋《たわらや》一門の頭領が名乗ってきた号で、以降、勝川派で描いていたような錦絵《にしきえ》の作品はほとんど見られず、画風も異なり、しかもわずかな期間に見違えるほど技量を上げていた。そして、狂歌絵本や摺物といったジャンルに進出し、精力的な活動を開始する。北斎と名乗るのはそれから三年後で、錦絵の制作も再開した。

後年、北斎は、絵の腕が上達したのは、あの日春好に侮辱されたおかげだと語っている。

南方熊楠《みなみかたくまぐす》

日本民俗学、博物学の礎を築いた大学者は、博物館内で人を殴る暴れん坊だった！

after 昭和天皇に粘菌の講義をした博識ぶり

戦前の日本の学者は、旧帝国大学を出てそこの教授になる……というのが一般的な出世コースだった。ところが、そうした権威とは無縁でありながら、日本の民俗学、博物学の基礎を築き、生物学でも大きな実績をあげたのが南方熊楠である。

和歌山の裕福な商家に生まれた南方は、当時のエリートコースである大学予備門《よびもん》に入ったものの、そこでの講義内容に不満が生じて中退。独学で植物や粘菌《ねんきん》類を採集し続けた。明治一九年（一八八六）にはアメリカに留学し、その後はイギリスに渡って数多くの論文を書き、科学雑誌『ネイチャー』に掲載されるなど、世界的な注目を浴びた。

日本に帰ってからは、昭和四年（一九二九）、昭和天皇に御進講《ごしんこう》をしたことで一躍有名になった。内容は粘菌に関するもので、生物学者である昭和天皇に、豊富で正確な知識を伝えることができるのは南方だけだと選ばれたためである。

before 暴力沙汰続きで博物館を追い出される

学者と聞けば温和なイメージが浮かぶが、じつは南方は相当な暴れん坊だった。すでに中学校時代には、「反芻《はんすう》」というあだ名がついていて、これは自分の食べたものを好きなときに吐き出せるという特技があったからだが、南方はそれをしばしば喧嘩《けんか》相手の顔に吐きかけていたというから、汚ない話だ。

アメリカの農学校に留学しても、そこでも性に合わないと、サーカス団の事務員になって中南米や西インド諸島を回る。それでもイギリスでは論文を認められて、大英博物館の東洋調査部員となることができた。大英博物館の図書館は、蔵書も資料も世界随一の豊かさを誇り、そこで調査・研究に打ち込むことができたのは、南方にとって至福の時間であったことだろう。ところが南方は、ここで騒ぎを起こして追放処分となっている。しかも二度も事件を起こしている。

一度目は明治三〇年（一八九七）に、イギリス人の男を殴り飛ばした事件。だがこのときは、相手が南方を目の敵にしていて、近くでわざと大きな音をあげたり、そばでツバを吐いたり、日本人に対する差別意識丸出しの質問をして嫌がらせを繰り返していたことが原因であった。ついにある日、インクをわざとこぼして南方のシルクハットを汚したため、南方が殴りつけて騒ぎとなったのである。このときは、相手に非が認められ、一カ月ほどで復帰が許された。

だが早くも翌年には、二度目の事件を起こす。その日南方は、昼間から酒を飲んで図書館に出かけた。すると声高に話をしている女性たちがいたため、注意してくれと係員に頼んだのだが、酔っ払いの言い分が聞き入れられるはずもなく、自分の方が追い出されたのである。南方は、傘を取るためと言いながらまた入館しようとして、係員の呼んだ警官に取り押さえられてしまった。二回目の暴力事件により、前科も手伝って今度は本当に出入り禁止となった。それでも南方は、博物館に戻りたく、長い陳情書をしたためたのだが、当然のことながら戻ることはかなわなかった。

南方の行ないに同情の余地はない。二つの事件の間にも、一度目に殴った男に唾を吐きかけて喧嘩を売り、トルコ人の胸を突き飛ばして出てきた館長代理とやり合い、下宿では今度は下宿の老婆までも殴って一晩牢に入るなど、暴力沙汰を起こし続けているのである。

相手に吐瀉物《としゃぶつ》を吐きかけたりといい、シルクハットにインクをこぼされて争ったといい、その暴力も何かいじましい。そのいじましい粘着ぶりがあって、粘菌研究の第一人者となり、昭和天皇に御進講に及んだ、ということになるのかもしれない。

渋《しぶ》沢《さわ》栄《えい》一《いち》

日本資本主義の父となる明治の実業家は、外国人を血祭りに上げる大規模テロを画策！

after 財界のリーダーはテロリスト志願

渋沢栄一は明治初期、多くの産業を育成して日本の近代化を推し進め、日本経済界の黎《れい》明《めい》期を担ったことで知られる。

維新直後、大蔵省に出仕していた渋沢は、明治六年（一八七三）に同省を辞し、民間の経済人としての活躍を始めた。

そして紙幣を発券する第一国立銀行の設立を皮切りに五〇〇社以上もの会社を創設し、東京商法会議所、東京証券取引所などのビジネス団体をも組織した。生涯を通じて財界と政府との仲介役を務め、教育や社会事業にも尽力した。

まさに〝日本資本主義の父〟と称されるにふさわしい、紳士的なイメージの渋沢なのだが、それは江戸時代も終わって明治になってからのことである。

☞近代日本経済界の礎を築いた渋沢栄一の「その前」は……？

before 高崎城を乗っ取って武器を奪取

渋沢の生家は、武蔵《むさし》国榛沢郡《はんざわぐん》血洗島村《ちあらいじまむら》（現在の埼玉県深谷市の一部）の豪農で、農業のほかさまざまな商売を営み、名字帯刀《たいとう》も許される家柄だった。そうした名家に天保《てんぽう》一一年（一八四〇）に生まれた渋沢は、隣村に住む従兄で漢学者の尾高惇忠《おだかじゅんちゅう》のもとに通って勉学に励むうち、水戸学に傾倒する惇忠の影響を受けて尊王思想に染まっていく。

やがて家業の手伝いをするうちに商才が鍛えられたものの、その一方で、事あるごとに藩から御用金の上納を命じられたり、代官の横暴に直面したりすることなどがあって、世のなかの矛盾を感じるようになっていた。

折しも嘉永《かえい》六年（一八五三）のペリー来航以降、日本国内は外国人を打ち払う「攘夷」か、西洋文明を受け入れる「開国」かで揺れていた。血洗島村は中山道《なかせんどう》に近く、行き来する思想家が近隣に滞在することもあったため、渋沢はそれらの到来を聞くと、相手の迷惑も顧みず出かけて行き、話を聞いたり天下国家を論じ合ったりした。

文久三年（一八六三）、夷人を日本から追い払う攘夷思想で固まった渋沢は、父の反対を押し切って江戸に出ると、惇忠やその弟の長七郎ら志を同じくする者たちと語り合い、「天朝組」を結成して攘夷決行を画策する。それはまず高崎城《たかさきじょう》を乗っ取って武器を奪い、鎌倉街道を南に下って横浜の外国人居留地を焼き討ちし、外国人を片っ端から斬るという計画だった。この騒動によって幕府は倒れ、攘夷が成るというのである。

しかし決行を前にして、京都に赴いていた長七郎が帰って来る。そして計画の中止を主張したのである。攘夷の中心である京都では、似たような企てが数多く実行された。しかし、多少の騒ぎとなっただけで世の動きには変わりがない。無駄死にするより、本当に目指すものを見極めようではないか、というのである。

渋沢はあくまで決行を主張して大激論が交わされたが、結局は長七郎の説得によって計画は中止。未遂に終わった。

それでも、幕府から目をつけられている可能性があるため、渋沢は、知り合いだった一橋家の用人の口利きにより一橋家の家臣となった。ここで渋沢は年貢《ねんぐ》米や木綿の販路開拓、藩札《はんさつ》の整理などに手腕を発揮して信頼を得ると、一橋慶喜《ひとつばしよしのぶ》が将軍となったのを機に幕臣として抜擢された。そして慶応三年（一八六七）、慶喜の弟の昭武《あきたけ》がパリ万国博覧会の代表使節となった際に、その随行員としてヨーロッパを巡る機会に恵まれたのである。

二年にわたってヨーロッパ諸国を見聞した渋沢は、その発展ぶりに驚き、攘夷思想を捨てる。西欧諸国発展の基盤となっている株式制度に着目し、その能力を日本のために活かすことに生き方を変えたのである。

岩《いわ》崎《さき》弥《や》太《た》郎《ろう》

三菱財閥の創始者が、日本を代表する商人となるきっかけとなった獄中生活

after 落書きを繰り返して牢に入れられる

三菱《みつびし》グループの礎を築いたのは、土佐藩出身の岩崎弥太郎である。幕末期には土佐藩が設立した土佐商会の主任として外国相手の取引に奔走。明治に入ると土佐藩から土佐商会の運営権を譲り受けて三菱商会を設立し、海運業に従事して世界的企業にまで発展させた。

こう書くと、岩崎弥太郎は何やら簡単に今日の三菱グループの礎《いしずえ》を築いた感じもするが、実際は当時の実力藩である土佐藩に、或いは明治になって時の政府に巧みに擦り寄ってのものだった。その擦り寄りぶりも興味あるところだが、ここでは岩崎弥太郎が擦り寄る前を見てみよう。

☞ **岩崎弥太郎が明治政府に接近する「その前」は……？**

before 牢で出会った泥棒から算盤を習う

岩崎家は、土佐の郷士《ごうし》の家柄だったが、弥太郎の父の代に郷士株を売って没落し、「地下浪人《じげろうにん》」となっていた。

それでも父は弥太郎に期待をかけ、江戸に遊学《ゆうがく》させていた。

ところが安政二年（一八五五）、村の寄合に出かけた父が、意見の食い違いからその場で袋叩きにされる事件が起こる。町内に不都合があって父が庄屋《しょうや》や郡奉行所に訴え出たものの相手にされず、かえって言いがかりをつけたと牢に入れられてしまったのだ。

母からの手紙でこれを知った弥太郎は、江戸から駆けつけて抗議したが埒《らち》が明かない。たまらず憤激の余り奉行所の壁に「官以賄賂成　獄因愛憎決」と大きく書きつけた。これは「役人は賄賂《わいろ》で物事を成し、好き嫌いで牢に入れる」といった意味で、役人が消しても弥太郎はまた書く、役人はまた消すの繰り返しで、とうとう弥太郎までが役人を侮辱したかどで牢に入れられてしまった。このとき弥太郎が、牢内から親戚に送った手紙は、無為に時間がすぎることへの焦りと、この恥辱を雪《すす》ぎたいという怒りに満ちている。

ところが、この入牢が弥太郎の転機となった。同じ牢にいた商人から、算盤と算術を学び、商売のノウハウ、商人の暮らしの自由さをも教わったのだ。この商人、実は泥棒だったと伝えられているが、弥太郎はこの商人を相手に、牢を出たら一旗揚げ、天下の金銀をかっさらって見せると宣言したという。

このときまでの弥太郎は、商人になろうとは考えていなかった。当時の武士の出世といえば藩庁の役職につくことだが、弥太郎は落書きで役人を批判したくらいだから、そのやり方には愛想が尽きていただろう。そうしたなかでの商売との出会い。弥太郎が商売の方がより面白く、やりがいがあると感じたのは当然だったかもしれない。

七カ月たって、やっと牢から出た弥太郎だが、郷里に戻ることは許されず、糊口をしのぐために鴨田村《かもだむら》で子供たちに読み書きを教える塾を開く。そして、たまたま隣の長浜村に私塾を開いていた吉田東洋《よしだとうよう》に師事することになった。弥太郎は商売の道に入っても歴史書や詩集を手離さなかったほどの学問好きで、学のある人の噂を聞くと、すぐに駆けつけて教えを乞う向学心の固まりだったのである。

東洋は、土佐藩の重臣として藩政の建て直しに取り組んでいた実力者だが、実はこの東洋も弥太郎の父と同様、酒でトラブルを起こし、この地で謹慎していたのである。

やがて東洋は安政三年（一八五七）、藩政に復帰する。ここで彼は身分にこだわらず人材を登用したため、門下生の多くが藩の要職についた。そのなかにはのちの土佐藩参政・後藤象二郎《ごとうしょうじろう》や、迅衝隊《じんしょうたい》を率いる乾退助《いぬいたいすけ》（のちの板垣退助）、五箇条の御誓文の草案を作成する福岡藤次《ふくおかとうじ》（のちの福岡孝悌《たかちか》）らがいた。弥太郎もまずは下横目《しもよこめ》として抜擢され、立身出世への第一歩を踏み出したのである。

前田利家《まえだとしいえ》

豊臣政権の重鎮として体制を支え、加賀百万石の礎を築いた名君の若かりし頃の姿とは？

after

加賀百万石の祖となった大名

前田利家は、加賀《かが》百万石の祖。安土《あづち》・桃山《ももやま》時代から江戸時代にかけての大大名だった。どのように大大名になったのか。このことは、豊臣秀吉《とよとみひでよし》が前田利家のことを「五大名」として遇していたことでわかる。五大名とは、利家ほか、徳川家康《とくがわいえやす》・小早川隆景《こばやかわたかかげ》・毛利輝元《もうりてるもと》・宇喜多秀家《うきたひでいえ》など、錚々《そうそう》たるメンバーだ。秀吉は利家のことを、徳川家康並に考えていたようである。たしかに前田利家の領地支配は見事で、加賀の地も富み、国力も充実していた。それゆえに前田利家は加賀百万石の祖として名高い。

☞ **前田利家が加賀百万石の基礎を築く「その前」は……？**

before

信長への当てつけで同朋を殺害

前田利家は幼少の頃から、信長の小姓《こしょう》として仕えていた。信長も若い頃は異様な風体で

金沢城の前に立つ前田利家の像。加賀百万石の藩祖も、若い頃は無法者で通していた。

過ごし、うつけ者と呼ばれていたが、利家は信長といつも連れ立って歩き、戦の場でもないのに派手な長槍を持っていたため、道行く人は「よっ、かぶき御両人《ごりょうにん》」と囃《はや》しつつ、これを避けたという。彼らはいつも互いによりかかったり、肩にぶら下がったりして大通りを歩いたと、信長に関する一級史料と言っていい『信長公記《しんちょうこうき》』にあるから、実際にそのような様子だったのだろう。

ところがあるとき、信長に仕え芸事や雑事を行なう同朋衆《どうほうしゅう》のひとりが、利家の刀の笄《こうがい》を盗むという出来事があった。笄とは刀の鞘《さや》に差しておく金属製のへらで、それで髪を整えたり、アクセサリーにしたりする小さな道具だ。

信長はこの同朋を寵愛していたというか

ら、信長と親密な利家との間にはライバル意識があったのだろう。

利家は、この同朋を成敗しようとしたが、信長はそれを許さなかった。すると利家は、わざわざ信長のいる櫓《やぐら》の下でいきなり、これを斬殺してしまったのだ。

衆人環視のなかで信長の意に背いたのだから、まさに当てつけである。信長は激怒して利家を斬ろうとしたが、柴田勝家《しばたかついえ》らが懸命に取りなしたので、どうにかその場は収まった。しかし、信長に仕え続けることは許されず、利家は放逐《ほうちく》されてしまったのである。

とはいえこのとき利家には、妻のまつとの間に長女が生まれていたこともあり、浪人の身でいるわけにはいかない。

帰参を願う利家は、信長が今川義元《いまがわよしもと》を破った永禄《えいろく》三年（一五六〇）の桶狭間《おけはざま》の戦いで織田勢に紛れ込んで敵の首級《しゅきゅう》をあげ、持ち前の武勇を発揮して見せた。しかし信長は無視するばかり。そこで翌年には織田軍と美濃《みの》の斎藤《さいとう》軍との間で行なわれた森部《もりべ》の戦いに参加して、敵方の武将を討ち取り、ようやく信長に許されたのである。

この後、利家は赤母衣衆《あかほろしゅう》という親衛隊の筆頭に抜擢され、得意の槍をふるって手柄を重ねた。さらに永禄一二年（一五六九）には、四男ながら前田家の家督を継いで尾張《おわり》の荒子《あらこ》城の城主となる。このとき、すでに利家の長兄が家督を継いでいたのだが、信長はそれを凡庸として隠居させ、利家を城主に据えた。これが利家の出世のスタートとなる。

塙《はなわ》保《ほ》己《き》一《いち》

何をやらせてもヤル気なし！無気力状態だった盲目の学者の少年時代

after 番町で、目明き盲に道を開き……

右の「番町《ばんちょう》で、目明き盲《めくら》に……」の解説を少しさせていただく。

番町とは、現在の皇居、つまり江戸時代の江戸城から西に位置する地域。一番町から六番町まであった。今日もその地名はいくらか残っている。そこに学識豊かな盲人（本稿の塙保己一のこと）が住んでいた。その盲人に健常の目明きがあろうことか道を尋ねた……という意。道は学問のことで、塙保己一に対する強い敬愛の想いが伝わる川柳《せんりゅう》だ。

江戸後期の国学者の塙保己一は、幼くして失明しながらも一五歳で江戸に出て学問を重ね、賀茂真淵《かものまぶち》らに国学を学んで和漢の学に精通するようになった。

学者として旺盛な活動を行ない、『群書類従《ぐんしょるいじゅう》』を編纂・刊行。これは、一二七三種もの膨大で貴重な古書を集め、間違いを訂正して欠けた部分を補充し、二五の部門に分類して六六六冊にまとめるという大事業で、学問をする者にとって貴重なデータベースとなった。

しかも保己一は、この企画から費用の調達、宣伝販売までをやり遂げたのである。
また、現在の大学にあたる学問所「和学講談所」を設立し、多くの学者を世に出した。

大学者・塙保己一の「その前」は……？

before すぐに挫折して怠け放題、ついには自殺未遂

盲目というハンデを背負いながら、しかも江戸時代にこれほどの偉業をなしとげた保己一だが、そのきっかけとなったのは、彼のわがままであった。

延享《えんきょう》三年（一七四六）に武蔵児玉郡の農家に生まれ、幼い頃から体が弱かった保己一は、七歳で失明し、一二歳のときには優しかった母親が病気で世を去ってしまう。そんな保己一の楽しみは寺子屋に通うことだった。寺の和尚《おしょう》は、一度聞いたことをそのまま暗記してしまう保己一の頭のよさに感心して、戦記物などの物語を語り聞かせてくれたのである。

ある日保己一は、江戸には〝太平記《たいへいき》読み〟という人たちがいることを聞いて、胸を踊らせた。これは『太平記』を語って聞かせる職業で、講談の前身と考えられる。保己一は太平記読みになる夢を抱いて、江戸へ出ることにした。最初は反対していた父も、あちこち駆け回って旅費を工面すると、保己一を江戸の雨富検校《あまとみけんぎょう》の一座に弟子入りさせてやった。

ところが盲人一座の修業や仕事は、太平記読みとは関係のないことばかりだった。当時

の盲人は、幕府の保護政策を受けて、はり・あんま、三味線や琴の音曲、それに金貸しを生業《なりわい》としていた。だが、保己一はそのどれにも関心が持てず、太平記読みの夢を語っても、仲間に嘲笑される有様。保己一は昼間から寝てばかりで、今度の弟子は何をやらせてもダメだと先輩たちにも蔑《さげす》まれる始末だった。

すっかり絶望した保己一は、近くの牛ケ渕《うしがふち》という堀に衝動的に身投げしようとした。だがそのとき、亡き母の形見である巾着が手に触れて我に返り、思いとどまった。

師匠である雨富検校も偉かった。身投げ騒動の話を聞くと、保己一を呼んで、お前は身を入れて修業しているようには見えないが、ただの駄目な奴だとは思っていない。言いたいことは何でも言ってみるがいいと保己一の胸の内を尋ねたのである。

保己一は、太平記読みになりたくて江戸に出てきたこと、そのために学問をやりたいことを語った。当時の盲人社会では学問をすることなど考えられなかったため、雨富検校は驚いたが、三年間は面倒を見ようと、保己一が学問の道に進むことを許したのである。

すると保己一は、なんとありがたいと俄然《がぜん》やる気を出し、あんまや音曲にも積極的に取り組んだ。そして、本を読んで聞かせてくれる人にお礼としてあんまをしているうちに、「学問好きのあんま坊主がいる」と評判になり、あちこちに呼ばれるようになって支援者を得た。こうして自殺まで考えた保己一は、学者への道を歩み始めたのである。

西行《さいぎょう》

四歳の娘を蹴り飛ばす！壮絶な出家シーンを演じた漂泊の歌人

after 若すぎる出家の理由は何だったのか

平安末期の洗練された美と、中世の精神的な厳しさを兼ね備えた歌で、現代にもファンの多い歌人が西行である。陸奥から九州まで旅を重ねつつ歌を詠み、『新古今和歌集』には九四首が選ばれるなど、後世の短歌にも大きな影響を与えた。

西行は、西行法師とも呼ばれるように僧なのだが、元々は武士で俗名《ぞくみょう》を佐藤義清《さとうよしきよ》といった。和歌にすぐれ故実にも通じた人物として鳥羽院《とばいん》に重用され、院の警固《けいご》役である北面《ほくめん》の武士に取り立てられていた。ところが、文人としても武士としても順調なキャリアを重ねていたはずの義清は、保延《ほうえん》六年（一一四〇）に二三歳の若さで突然出家してしまう。この原因については、厭世《えんせい》、政治、恋愛の三つの説がある。

まず厭世説は、前の夜に別れたばかりの親友、佐藤憲康《のりやす》が一夜にして急死したことによるというもの。何も知らずにその屋敷に行った西行は、憲康の老母や年若い妻が声を上げ

奈良県吉野町に復元された西行庵。武士を捨て法師となった西行が、３年間侘住いをしたと伝わる。

て泣く姿を見て世をはかなみ、人と世の無常を悟ったというのだ。

政治説は、鳥羽上皇と崇徳《すとく》天皇の対立に巻き込まれかけたのではというものだ。西行の出家の翌年、崇徳天皇は鳥羽上皇の圧力によって退位し、後には保元《ほうげん》の乱が起こる。西行は双方に浅からぬ縁があったため、いたたまれぬ思いがあったのではと思われる。

そして恋愛説は、西行が身分の高い女性に恋をし、失恋したというもの。相手は明確ではないが、『源平盛衰記《げんぺいじょうすいき》』には「上臈《じょうろう》の女房」とあり、契りを結んでいたものの、「逢うことが重なれば人の噂になってしまう」と言われたとある。この女性は以前西行が仕えていた徳大寺《とくだいじ》の女房とも言われるが、一説には鳥羽院の中宮《ちゅうぐう》・待賢門院璋子《たいけんもんいんたまこ》であるともいわれている。
原因は一つではなく、朝廷内の確執に嫌気が差し、友人の死や失恋が重なり、突然の出家を決意したともいわれるが、出家した西行は洛外に草庵を結び、旅に出ては歌を詠んだ。

かくして歌人として伝説化され、理想化されていった西行の「その前」は……？

before 愛する家族こそが煩悩の絆

西行は、自分の家族を題材とした歌は一首も詠んでいない。だからといって西行に家族がなかったわけではなく、出家したときには、妻と幼い子供がいたという。子供は男女ひとりずつ、あるいは女児だけだったとも伝えられるが、出家するということは家族を捨てるということである。

出家を決心した西行が自宅に戻ると、四歳の娘が、父が帰って来た嬉しさに、縁側に走り出てきた。西行はその娘を大変かわいがっていたのだが、これこそ煩悩《ぼんのう》の絆よと、なんと縁側から蹴り落としてしまったのだ。そして泣き出した娘の声も、聞こえないふりをして室内に入った。西行は自分の髻《もとどり》を切って持仏堂に投げつけて門から出ると、かねてから知っていた僧のもとに去ったという。こうした過激な行動の一方で、西行は家族のことを気にかけていたのか、弟の佐藤仲清《なかきよ》に出家後のことを何くれとなく頼んでいる。

藤《とう》堂《どう》高《たか》虎《とら》

津藩の大大名となった世渡り上手、七度にわたる主家替えの真意とは!?

after

殉死を禁じて部下の心を掴む

藤堂高虎は、戦国時代から江戸時代初期にかけての武将で、伊勢津藩《いせつはん》の初代藩主。部下思いで、殉死《じゅんし》を意味のないものとして厳禁したことで知られている。

それも文字通りの厳禁だった。どのように厳禁だったか。

高虎は、まず国元の部下に「自分（高虎）が死んだら殉死すると考えている者は、この箱に名前を記入した札を入れておけ」と命じた。翌日開けてみると、四〇人ほどの札があった。続いて任地の駿府《すんぷ》屋敷でも同様のことを部下に言い渡したところ、三〇人ほどの札があった。高虎は、この七〇人の札をもって主君の徳川家康を訪ね、「私が死んだら殉死するという者がこれほどいます。しかし、私に殉死してしまったら、この忠義の者たちはのちのち徳川家の先鋒としてお役に立つことが出来ません。家康様、どうか御上意《ごじょうい》をもって藤堂家中の殉死を禁じて戴きたい」と嘆願した。

これを家康が了承すると、高虎は部下たちに「上意である」として殉死の禁止を厳命したのだ。

（上意ならば仕方がない）

との表情を浮かべながら、ホッとする思いになった部下も多くいたという。

高虎は実に人心掌握術に長けていた武将と言っていいのではないだろうか。

☞ **藤堂高虎がこうした人心掌握術で部下たちの心を掴む「その前」は……？**

before

七度……いや八度も主君を変える

死期が近づいて部下に殉死を厳禁した高虎だったが、その前は人情の厚さとは裏腹に平気で主家替えをしていた。それも七度、いや八度も。順に見ていこう。

最初は、近江国《おうみのくに》小谷《おだに》の城主・浅井長政《あざいながまさ》。高虎は、戦で手柄を立てて長政から直々に佩刀《はいとう》や感状《かんじょう》を与えられるほど活躍していた。ところがある日、城下で朋輩《ほうばい》を斬って出奔したのである。これは、高虎が読み書きをできないことを嘲笑《ちょうしょう》されて逆上したためだという。

次の阿閉貞征《あつじさだまさ》は、高虎を迎えたことを大いに喜び、住居まで与えて厚遇した。

ところがある日、武勇を誇って貞征の下知に従わないふたりの家臣がいたため、高虎はまたまたこれを斬って出奔。次の主の磯野員昌《いそのかずまさ》のもとでは、こうした騒ぎは起こさなかったが、織田信長が甥の津田信澄《つだのぶずみ》を員昌の養子として送り込んできたため、員昌の方が城を出て、信澄に仕えることとなったのである。

ところが信澄は、いくら高虎が戦場で手柄を立てても、それを認めようとはしなかった。そのため浪人となっていたところ、豊臣秀吉の弟の秀長《ひでなが》が、三〇〇石という破格の禄《ろく》をもって高虎を仕官させる。高虎もその恩に報いるべく尽くし、秀吉の長浜城《ながはまじょう》や、信長の安土城の築城に携わった。

築城には、土地の選定、縄張《なわばり》、普請《ふしん》、作事《さくじ》など多くの行程があり、一朝一夕で学ぶことはできない。高虎は秀長のもとで腰を据えるつもりで多くを学んだのだろう。またこのとき、近江坂本《さかもと》の石工集団、穴太衆《あのうしゅう》と出会うなどの機会にも恵まれた。

秀長の死後は、その養子の秀保《ひでやす》に仕えたものの、秀保も数年後に没して主家が断絶してしまう。その後の高虎は高野山《こうやさん》に隠遁して、自分を評価し、築城を学ぶ機会を与えてくれた秀長の菩提《ぼだい》を弔《とむら》っていたと考えられる。これを、自分を高く売るためのパフォーマンスと見る向きもある。

やがて高虎は秀吉に招かれて高野山を下り、秀吉の死後、家康に仕えることになったのである。若い頃は血気にはやる性格ゆえ出奔を繰り返したものの、秀長に仕えて以降は、家康に至るまでその主君が死ぬまで奉公を続けている。

本多正信《ほんだまさのぶ》

家康と「水魚のごとし」の関係を築いた腹心は、なんと家康に背いたことがある！

after 家康の意を汲んで、部下を激しく叱る

本多正信は、徳川家康の重臣であり、江戸幕府では老中を務めた人物だ。頭脳派の正信は、家康の腹心として仕え、さまざまな謀略に関わるとともに、数々の助言を行なって家康の天下取りを支えた。家康はこの正信を信頼し、常に傍らにおいていた。正信の働きは絶大で、彼がいなければ、家康の天下統一も成しえなかったのではないかといわれるほどだ。周囲は、そのふたりの関係を、「君臣の間、水魚《すいぎょ》のごとし」とたとえたといわれている。このことについての次のような逸話がある。

ある時、江戸城内で家康の部下が粗相《そそう》をした。家康はこれに怒って部下を叱った。しかしその叱り方が普通ではない。ネチネチと長いのだ。家康もどこで切り上げていいのかわからないほど。これを隣室で聞いていた正信は、いきなり襖《ふすま》を開けて部屋に飛び込むや、「このバカ者！　お前はなんという不始末をしでかしたのだ。上様がお怒りになるのも御《ご》

尤《もっと》も」

と家康に代わって身体を震わせ、目を吊り上げて部下を足蹴《あしげ》にせんばかりに叱責した。あまりの剣幕に家康は、思わずたじろぎ、「まあまあ、そこまで叱ることもあるまい」としたので、正信は部下を別室に引き立てたのち、その部下にそっと手を添えた。家康は失笑し、部下は涙したという。

家康は正信の心を知り、正信はまた家康の心を知っていたことを伺わせるエピソードだ。正信は、家康との間にこれほどの厚い信頼関係を築いていた。

では、この信頼関係が築かれる「その前」は……?

before 若き日、家康と対決する

正信は、天文《てんもん》七年(一五三八)に、三河武士本多俊正《ほんだとしまさ》の次男として生まれた。つまり、生粋《きっすい》の松平家の譜代《ふだい》の家臣である。とはいえ、徳川四天王のひとり本多忠勝《ただかつ》の家系とは対称的に振るわず、鷹匠《たかじょう》をしていた。やがて正信は、成長すると家康の家臣となった。

ところが、永禄《えいろく》六年(一五六三)九月に起きた三河一向一揆《いっこういっき》で、正信は一揆側の首謀者のひとりとして、家康と対決したのである。

当時、一向一揆は一国を滅ぼすほどの力を持っており、しかも三河一向一揆には同国の

反家康勢力も加わったため、三河統一を企図する家康もこれを無視できず、武力で抑えようとした。

ところが、松平家の家臣のなかには一向宗（浄土真宗本願寺派）の門徒が数多くいた。その結果、多くの家臣が一向一揆に加わったのだ。正信もそのひとりで、しかも、指導的立場に立っていたのである。

家康と一向一揆の戦いは、翌年の三月に家康側の勝利で終わり、一揆に加わった多くの家臣が、家康の勧めに従って松平家に帰順したが、正信はそれには従わず三河を脱出して京都へ向かい、そこから加賀へ移って同国の一向一揆へと身を投じている。

結局、正信が家康の元に戻ったのは、天正《てんしょう》一〇年（一五八二）のこと。「姉川《あねがわ》の戦い」の前後だったとされている。出奔当時二七歳だった正信は、すでに四五歳になっていた。

その後の正信は、天正一二年（一五八四）の「小牧《こまき》・長久手《ながくて》の戦い」で、豊臣秀吉との和平交渉をまとめると、「関ヶ原《せきがはら》の戦い」での戦後処理、江戸幕府の土台作りなどに力を発揮した。正信は武将として戦場で活躍したわけではなく、武勲もないが、陰のように家康に寄り添い、家康の意をくみ、家康の天下統一を陰で支え続けたのである。

正信の「前歴」に目をつぶり、側近として迎えてくれた家康だったからこそ、正信はその後の人生のすべてを家康に捧げ続けたのかもしれない。

三島由紀夫《みしまゆきお》

割腹自決を遂げた日本を代表する作家
一度だけ実現した太宰治との直接対決

after
昭和を代表する天才作家

三島由紀夫は、『仮面の告白』『潮騒《しおさい》』『金閣寺』のほか、豊饒《ほうじょう》の海四部作（「春の雪」「奔馬」「暁の寺」「天人五衰《てんにんごすい》」）などの名作を多く著わした、戦後の日本文学界を代表する作家だが、それ以上に、その思想を衝撃的な死をもって世に訴えたことで知られている。

その死は、どのように衝撃的だったのか――。

昭和四五年（一九七〇）一一月二五日、三島由紀夫は自らが組織した「楯《たて》の會《かい》」の会員四名とともに東京・市ヶ谷の陸上自衛隊東部方面総監室に入るや、益田兼利《ますだとしかね》総監を捕縛。益田に自衛隊員を集合させ、三島の思想である天皇を中心とする国家体系の確立のための決起を呼びかけた。が、自衛隊員は少しも反応を示さなかったことから、私は本気なのだとして、「楯の會」の森田必勝《もりたひっしょう》とともに壮絶な割腹自決を遂げたのである。

この割腹自決の数カ月前、三島由紀夫は次のような一文を産経新聞に寄せている。

「このまま行ったら日本はなくなってしまうような気がする。日本はなくなって、その代わりに、無気的な、からっぽな、ニュートラルな、中間色の、富裕な、抜目がない、或る経済的大国が極東の一角に残るのであろう」

冷徹な予言だ。

三島由紀夫が、割腹自決を遂げる「その前」は……？

before 大嫌いだった太宰治とともに、酒を飲む

三島由紀夫は、三島より少し前に文壇にデビューした太宰治《だざいおさむ》を毛嫌いしていた。その退廃的な作風ばかりではない。首吊り自殺未遂、パビナール中毒、カルモチン自殺未遂など、死を弄《もてあそ》ぶかのような生き方に我慢がならなかったのだ。実際、三島は太宰のことを『小説家の休暇』のなかで、「自分に適しない役を演じたのがきらひだ」と書いている。自分に適しない役とは、自殺行為のこと。死ぬ気もないくせに、というわけだ（太宰の最期は、愛人・山崎富栄《やまざきとみえ》とのやや不可解な玉川上水への入水自殺）。

じつは三島は、そこまで嫌悪する太宰と酒を酌み交わしたことが一度だけある。

昭和二一年（一九四六）、三島がまだ駆け出しの文学青年だった頃、二〇歳前後の学生や編集者ら一〇人がアパートの一室に集まって酒を飲むことになった。もともとは早稲田

の学生だった出英利《いでひでとし》らが太宰治を囲んで集まる飲み会だったが、三島は矢代静一《やしろせいいち》に誘われて参加した。そのときの三島の心境は、「大袈裟にいへば、懐ろに匕首《あいくち》をのんで出かけるテロリスト的心境」（『私の遍歴時代』）だったという。

そして飲み会が始まり、太宰を中心として大いに雑談に花を咲かせているとき、三島はそれまでの思いをストレートに口にする。

「僕は太宰さんの文学がきらいなんです」と言ってのけたのだ。このひと言で場は一瞬にして凍りついた。すると太宰が「きらいなら、来なけりゃいいじゃねえか」と顔を背けながら吐き捨てるように言ったが、そのあとすぐにほかの話題を提供したため、飲み会はもとのにぎやかな雰囲気に戻った。

三島にとってこのひと言は、どうしてもこれだけは言おうと思っていた言葉だったようだ。場を白けさせただけで終わったが、この瞬間について、なぜかのちに三島は、太宰の違った反応を記している。『私の遍歴時代』で三島は、きらいと言われた太宰が「そんなことを言つたつて、かうして来てゐるんだから、やつぱり好きなんだよな、なあ、好きなんだ」と返したと記している。ほかの参加者の証言から、実際は前述の反応が真実だったと思われる。文学者の河村政敏氏によれば、三島がこう記したのは、太宰に対する嫌悪が、意識下では一種の近親憎悪のような気持だったのではないか、としている。

頼《らい》山《さん》陽《よう》

『日本外史』で知られる勤皇の詩人 遊郭通いをやめられない 放蕩息子を変えた出来事とは？

after 勤皇の志士に大きな影響を与えた幕末の詩人

頼山陽は、幕末の詩人。その著書『日本外史《がいし》』が勤王志士を中心に広く読まれ、尊王論を鼓舞した。

山陽は寛政《かんせい》一二年（一八〇〇）頃から『日本外史』の執筆を始め、二〇年以上にわたって推敲を重ね、文政《ぶんせい》九年（一八二六）に書き終えた。源平二氏の争いから徳川氏の治世に至るまで武家の盛衰興亡の歴史を漢文調で綴《つづ》ったもので、政権が一権力者の掌中に永久にとどまらない条理を説き、徳川幕府の限界をほのめかした。この書が、松平定信が称賛したことをきっかけに世に広まると、幕末の勤王志士に愛読され、山陽は勤王詩人として大いに有名になった。

頼山陽は、天保三年（一八三二）に、この世を去った。その三年前に起稿していた『日本政記』の完結を目指して執筆中で、その校正中に、机に伏したまま息絶えていたという。

尾道市の千光寺公園に建つ頼山陽の像。

☞生真面目な文学者といったイメージの
頼山陽。果たして「その前」は……？

before

遊びすぎで自由を好んだ幕末の大ベストセラー作家

頼山陽は、広島藩士の頼春水《らいしゅんすい》の長男として生まれた。

一〇歳までに『論語《ろんご》』『易経《えききょう》』を読破し、一三歳のときに作った詩が、寛政の三博士と呼ばれた柴野栗山《しばのりつざん》に絶賛されるなど、非常に優秀な少年だった。一八歳で、幕府設立の最高学府である昌平黌《しょうへいこう》（江戸幕府の学問所）への入学もはたしている。春水にとってはまさに期待の星であった。

しかし山陽は、勉強以上に遊びに熱心で、昌平黌に入学する以前から、すでに地元の宮島の遊里へたびたび足を踏み入れていたという。

昌平黌への入学が決まった山陽は、江戸で母の妹の夫である尾藤二洲《びとうにしゅう》のもとへ身を寄せた。尾藤二洲は、昌平黌の教師を務めていた人物で、学問をするには絶好の場所に寄宿することになったわけだ。しかしここでも山陽は頻繁に花街遊びをしていたばかりか、尾藤家の使用人にまで手を付ける始末だった。挙句の果てに、叔父の尾藤二洲と親交のあった剣客・平山子竜の家から一五両の金を盗み出すという悪行に手を染めるなど、なんとも手の付けられない有様だったのである。結局、わずか一年ほどで広島へ戻ることになった。

広島に戻り、両親の勧めで結婚したものの、それでも遊里通いはやまない。しかも、束縛されることを嫌ったのか、寛政一二年（一八〇〇）九月、大叔父の法事に父の名代として出かけたとき、香典を持ったまま脱藩してしまったのだ。二カ月足らずで連れ戻されたものの、脱藩の罪は重く、座敷牢へ閉じ込められた。そして妻とも離婚させられ、山陽は廃嫡《はいちゃく》。頼家は養子となった甥が継ぐことになった。

しかし、山陽にとってこれらの処遇は、結果的には歓迎すべきことだったようだ。廃嫡されて身軽になった山陽はその座敷牢にいた頃から『日本外史』を書き始めている。そして文化八年（一八一一）に京に上り、家塾を開く。京で文人墨客と交わり、自由な生活を続けた山陽は、『日本外史』によって全国的な名声を得ることになる。

第二章

歴史人物のイメージを覆す意外な「前歴」

徳川家康
高橋是清
西郷隆盛
長宗我部元親
上杉謙信
水野忠邦
乃木希典
小村寿太郎
高杉晋作
岩倉具視
菅原道真
吉備真備
春日局
新井白石
マシュー・ペリー
松尾芭蕉

徳《とく》川《がわ》家《いえ》康《やす》

泰平の江戸時代を切り開いた戦国時代の覇者が、成功の糧とした大敗北とは？

after
江戸を作った戦国最後の勝者

徳川家康は、戦国時代から安土《あづち》・桃山《ももやま》時代にかけての武将――というよりも、江戸幕府を開き、以後二六〇余年にわたる「江戸時代」の礎《いしずえ》を築いた武将、といった方がわかりやすいかもしれない。その家康が、天下の第一人者として台頭するきっかけとなったのは、「関《せき》ヶ《が》原《はら》の戦い」だった。

「関ヶ原の戦い」は、文字通り、〝天下分け目の戦い〟だったのだが、家康は、西軍武将への巧みな懐柔策などを駆使してこれに勝利。以後、大坂城に拠《よ》る豊臣方を「大坂冬の陣」「大坂夏の陣」で滅ぼして、江戸時代の基礎を築くわけである。

☜徳川家康が、天下を手中に収める「その前」は……？

before
恐怖に震え上がり、命からがら戦場を脱出した家康

家康最大の危機――三方ヶ原の戦い

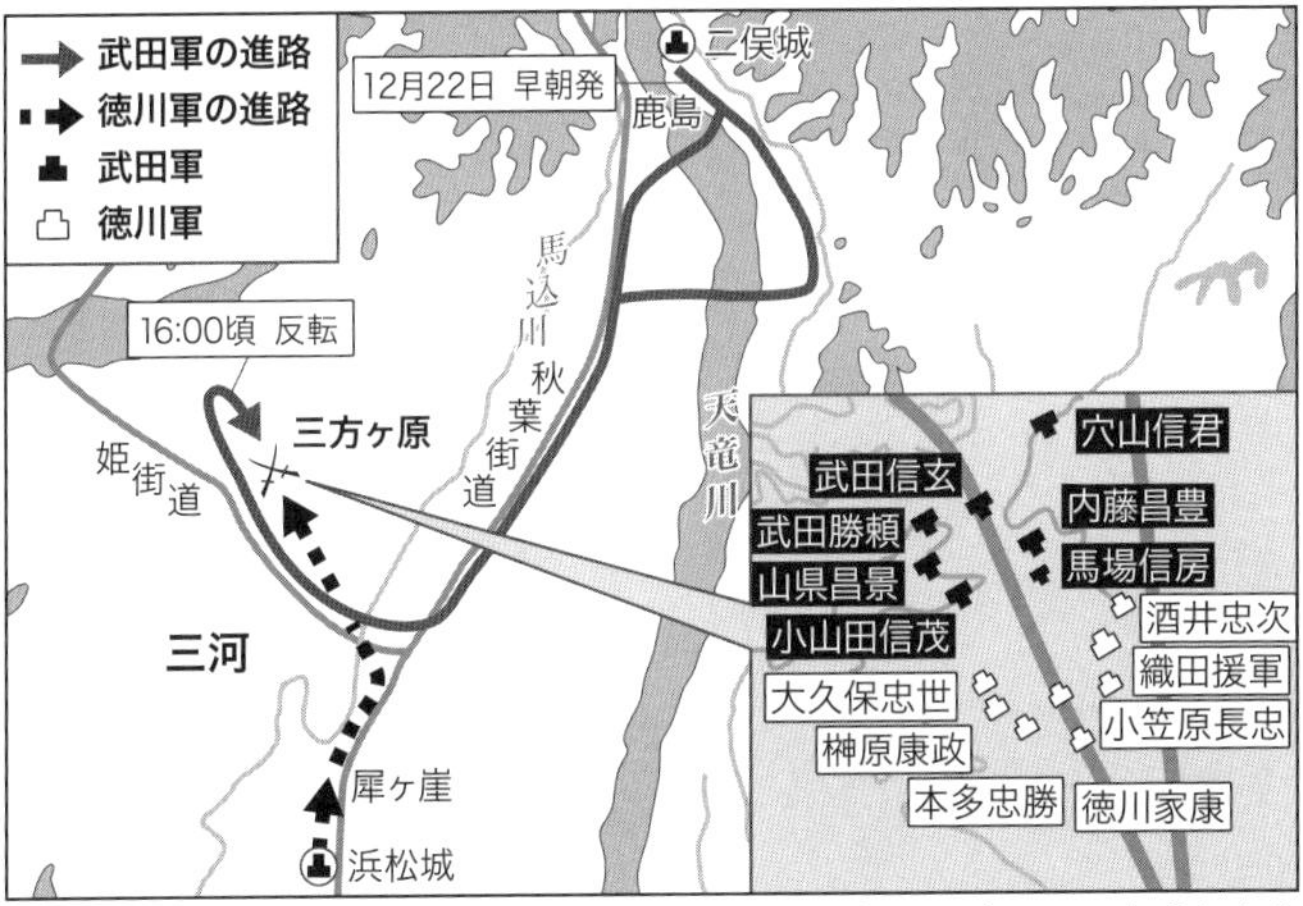

武田信玄の素通り作戦により城から誘い出された家康は、三方ヶ原で完膚なきまでに叩きのめされた。

そうした家康も若い頃、大敗を喫して九死に一生を得たことがある。それは「三方《みかた》ヶ原《がはら》の戦い」でのこと。この時、家康はまさに人生最大の危機を迎えていた。

徳川家康は永禄《えいろく》一〇年（一五六七）以来、尾張《おわり》の織田信長と清須《きよす》同盟を結んで今川氏《いまがわし》と対峙。今川氏の滅亡後は対武田信玄《たけだしんげん》の防壁として信長の天下取りを支えてきた。

とはいえ、武田信玄率いる武田軍は信長さえ恐れさせる戦国最強の軍団である。当時の家康が独力で勝てる相手ではない。そうした信玄が元亀《げんき》三年（一五七二）、室町幕府第一五代将軍・足利義昭《あしかがよしあき》が発した信長追討令に応じて大軍を率いて京都へと進軍を始めたのだ。その京都へと向かう道中に、家康の浜松城《はままつじょう》が位置していた。

この時の武田軍は二万五〇〇〇。それに対して徳川軍は、信長からの援軍を含めても一万一〇〇〇ばかり。まともに戦っては勝目がないと見た家康は、浜松城に籠城《ろうじょう》する策を選択した。籠城後、やがてやってくる信長の援軍とで武田軍を挟撃しようと考えたのである。

ところが武田軍は城下を素通りして台地の三方ヶ原に向かおうとした。これを受けて家康は家臣の反対を押し切って、城から出て信玄を追撃する作戦に切り替えた。

ところが徳川軍が三方ヶ原にたどりつくと、武田軍は反転。戦闘隊形を取って家康を待ち構えていたのである。結局徳川勢は信玄の大軍と正面からぶつかることとなり、次々に部隊は壊滅。ついには家康も討死を覚悟するまでに追いつめられてしまう。

家臣らは家康を何とか城まで返そうと、自ら家康と名乗っては敵陣に斬り込み、討死していった。家臣の犠牲に助けられた家康は、命からがら戦場を逃げだし、浜松城まで逃げ込んだものの、恐怖のあまりなんと馬上で脱糞してしまったと伝わっている。

しかしさすがは家康。彼はこの苦い経験を成功の糧《かて》に変えている。

彼は武田軍の軍略を見習ったのだ。軍法を武田家の甲州流軍学に切り替え、武田家滅亡後はその遺臣を積極的に召し抱えた。また、家康の天下統一への試金石となった「関ヶ原の戦い」も、三方ヶ原と同様の戦術であった。敵方の主力は大垣城《おおがきじょう》に籠っているが籠城戦は日数がかかる。そこで敵方を関ヶ原におびき出し、一日で勝利をもぎとったのである。

高《たか》橋《はし》是《これ》清《きよ》

留学したら奴隷に売られてしまった⁉　少年期の「だるま宰相」に襲い掛かった数奇な運命

after　憧れのアメリカ留学から一転

高橋是清は、明治時代の終わり頃から昭和の初期にかけて活躍した官僚であり、政治家。その短躯《たんく》・丸顔の愛らしくも親しみやすい容貌から「だるま宰相」の異名をもって、人々から親しまれた。

この高橋是清は、渡米して帰国後、英語教師などをして糊口《ここう》をしのぎ、周囲の力添えもあってのち日本銀行に入行。入行後、日露戦争の外債募集などで大きな力を発揮した。発揮……などと書いたが、それは尋常なものではなく、国家の運命を左右するほど。高橋是清とアメリカの銀行家のジェイコブ・シフとの個人的なつながりによるものだった。シフは高橋の説明を聞くだけで信が置けるとして、高橋がいう多額の借貸にサインをした。日露戦争の勝利には、この経済的支援も大きく貢献していたのである。

のち、高橋是清は「二・二六事件」によって青年将校の凶弾に斃《たお》れる。この昭和までの高橋についてはその凶弾に斃れた様子などから、比較的よく知られている。

☞日本を救った「だるま宰相」のその前は……？

before 知らないうちに奴隷として売り飛ばされる

仙台藩の足軽《あしがる》の家に養子として入った高橋是清は、藩命を受けて横浜に出ると、一〇歳から英語を学び、慶応《けいおう》三年（一八六七）に仙台藩が派遣したアメリカ留学生のひとりに選ばれた。この時高橋はアメリカの商人ヴァン・リードの家に落ち着くが、ここからとんでもない展開が待ち受けていた。

ヴァン・リードの家では彼を学校に行かせるという約束を果たさないばかりか、満足に食事も与えず彼を雑用にこき使った。それに高橋が反抗すると、リードは、ブラウンというオークランドの受け入れ先を紹介し、一枚の契約書に署名するよう求めた。一三歳の彼はこれがとんでもない契約書だと知らず、勉強もさせてくれるという新天地に望みを抱いてサインをしてしまう。

オークランド農場では穏やかな日が続いていたが、この家で働いていた中国人コックと喧嘩して出ていこうとしたときに、高橋は驚きの事実を知る。

高橋は三年間の奴隷契約を結ばされていたのである。あの一枚の紙は強制労働契約の同意書で、是清はブラウンによりヴァン・リードから買い取られていたのだ。当時のアメリカではすでに奴隷制度が禁止されていたが、陰ではそのような違法がまかり通っていた。

勝手に出ていくことができないと知った高橋は、向こうから暇を出すよう仕向けようと乱暴を働くが、うまくいかない。幸いブラウン家が中国に行くことになったため、次に紹介された別の家には行かずに、アメリカ人の名誉領事を頼り、ヴァン・リードから同意書を取り戻してようやく奴隷契約から解放された。そして明治元年（一八六八）に帰国を果たす。一歩間違えれば奴隷としてアメリカで一生を終えていたかもしれない危機を乗り越えたのである。しかもこの苦い経験のなかで培った英語の交渉能力がのちの外交に大いに役立ち、彼を日銀総裁、大蔵大臣、さらに総理大臣にまで出世させることになる。

ただし、帰国当初は新政府に敵対した仙台藩出身ということで身を隠す日々が続く。やがて東京大学の前身である大学南校の英語教師になるが、放蕩続きで、様々な職を転々とした。鉱山開発の失敗で無一文になった時に、知人から時の日銀総裁・川田小一郎を紹介され、日銀に就職したのは三八歳の時だった。

かくして高橋はその苦難のなかで培った英語力を駆使して国家の一大事を救い、歴史の表舞台に躍り出る。戦費調達での交渉能力の高さは伊藤博文《いとうひろぶみ》、山縣有朋《やまがたありとも》、井上馨《いのうえかおる》といった日本の指導者たちも舌を巻くほどで、その能力を認められ政治家に転身していくのである。

西《さい》郷《ごう》隆《たか》盛《もり》

主君・島津斉彬の死に絶望し、入水自殺を図った維新の英雄の青年時代

after 西郷隆盛なくして明治維新はならなかった

西郷隆盛は、幕末・明治にかけて活躍した人物として、第一に挙げていいだろう。薩摩藩を率いて江戸城無血開城を果たしたばかりではなく、禁門《きんもん》の変や幕長戦争、戊辰《ぼしん》戦争を戦い抜き、近代国家としての明治時代の端緒を創出したのだから……。

この西郷隆盛の人物像を今日に伝えるものとしては、さまざまな伝説めいた話がある。少し挙げてみよう。

坂本龍馬《さかもとりょうま》は、西郷隆盛に会った様子を、「小さく叩けば小さく響き、大きく叩けば大きく響く……」と評した。

明治の政治家・板垣退助《いたがきたいすけ》は、「西郷と木戸《きど》（孝允《たかよし》）、大久保（利通《としみち》）の間には零が幾つあるか分からぬ。木戸や大久保とは、まるで算盤のケタが違う……」と評した。当時から実にスケールの大きな人物として仰ぎ見られていたようだ。

実際、幕末の西郷隆盛の活躍は鬼神のようだった。

反目し合っていた薩摩藩と長州藩を、目的は倒幕であるとして手を結ばせ（薩長同盟）、土佐藩をも味方に引き入れ（薩土盟約）、小御所《こごしょ》会議では幕府代表の徳川慶喜《とくがわよしのぶ》を恫喝《どうかつ》する一方で「討幕の密勅」を作成。慶喜による大政奉還を受けては「王政復古の大号令」を宣言し、ついには二六〇余年にわたる政権を倒してしまう（倒幕）といった具合だ。西郷隆盛なくして倒幕はならず、従って、明治維新も成さなかったといっても過言ではない、と評されているほどの人物だ。

凄味さえ感じられる西郷隆盛の「その前」は……？

before 僧・月照と抱き合って入水自殺を試み、自分だけが助かる

下級武士の生まれである西郷は、郡方書役助《こおりがたかきやくたすけ》として農政に関わった経験から、農政に関する意見書をしばしば藩庁に提出していた。

この意見書が開明的な藩主・島津斉彬《しまづなりあきら》の目に止まり、側近である庭方役《にわかたやく》に抜擢される。斉彬は、殖産興業に力を入れて洋式兵備を導入するなど、短期間に薩摩の国力を充実させた名君だった。

西郷は、そうした斉彬の側近くに仕え、斉彬の薫陶《くんとう》を受けた。また江戸への参勤に同行

した折には、勤王派の藤田東湖《ふじたとうこ》、橋本左内《はしもとさない》らと親しく交わって多くを学ぶ一方、斉彬の命を受けて一橋慶喜擁立運動に邁進した。

ところが、安政五年（一八五八）七月に斉彬が急死。さらに斉彬の属した一橋派が、井《い》伊直弼《いなおすけ》の大老《たいろう》就任によって敗北を余儀なくされるなかで、西郷は取り乱し、東西で兵を挙げて井伊大老の彦根城《ひこねじょう》を落とそうなどと同志に手紙を書いている。

そして心酔していた主君・斉彬の突然の死に悲嘆に暮れ、墓前で腹を切って殉死しようとまで思い詰めた。

だが、勤王派の僧で同志の月照《げっしょう》に諫《いさ》められ、ようやく思いとどまった。しかし安政の大獄が始まり、幕府の一橋派への追求が厳しくなったため、西郷は一旦、月照と共に薩摩へ逃れる決意をする。

斉彬の没後、薩摩の国許《くにもと》で実権を握ったのは、斉彬の弟・久光だった。

西郷は恩人でもある月照を救うべく帰郷したのだが、久光の方は幕府の意を汲むべく、月照を日向に送るよう西郷に命じた。当時薩摩から日向への関所を越えると、そこには高《たか》岡《おか》の藩士が待機していて斬り殺す慣例になっていたから、この命令は事実上、殺害命令に等しい。

絶望した西郷は再び死を決意した。錦江湾《きんこうわん》に小舟で漕ぎ出すと、月照と固く抱き合って

若き西郷の挫折

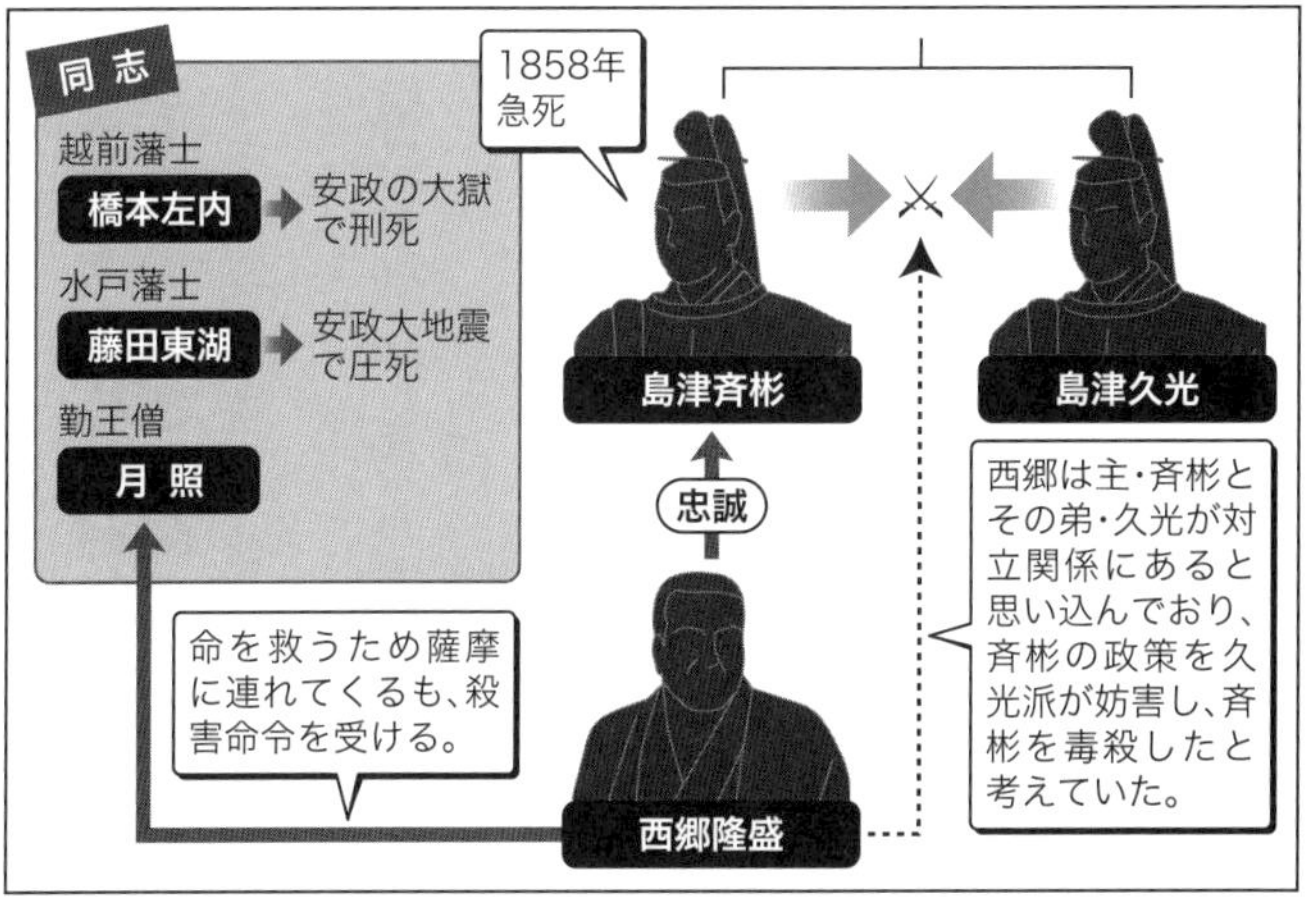
同志
越前藩士
橋本左内
安政の大獄で刑死
水戸藩士
藤田東湖
安政大地震で圧死
勤王僧
月照
1858年急死
島津斉彬
島津久光
忠誠
西郷隆盛
命を救うため薩摩に連れてくるも、殺害命令を受ける。
西郷は主・斉彬とその弟・久光が対立関係にあると思い込んでおり、斉彬の政策を久光派が妨害し、斉彬を毒殺したと考えていた。

西郷は敬愛する主君・島津斉彬のもとで政治活動にあたっていたが、ことごとくが挫折する状況にあった。

入水自殺を図ったのである。

同船していた者たちが慌てて助けたため、ふたりは引き上げられたが、息を吹き返したのは西郷だけであった。

二日間人事不省に陥った西郷は、うわごとで月照の名を呼んでいたが、意識を取り戻して自分だけが生き残ったことを知ると、入水したことを深く悔いた。しかも武士にとって投身自殺というのは恥ずべき死に方で、軽挙にかられての妄動と見られても仕方がない。

この事件ののち、西郷は奄美《あまみ》大島《おおしま》へ流され、その後一度許されたものの、寺田屋騒動に際して久光の怒りを買って徳之島《とくのしま》、沖永良部島《おきのえらぶじま》に流される。藩政に復帰するのは元治《げんじ》元年（一八六四）のことであった。

長宗我部元親《ちょうそかべもとちか》

一代で四国を統一した土佐の英雄は、初陣では槍の使い方も知らなかった！

after 信長も恐れた勢力の伸張

長宗我部元親は、天文《てんぶん》八年（一五三九）に土佐《とさ》長岡郡宗部郷の地頭《じとう》・長宗我部国親《くにちか》の嫡《ちゃく》男《なん》として生まれた。

世は合戦に明け暮れ、元親の父・国親も近隣の豪族と戦いながら勢力を広げていった。永禄三年（一五六〇）に家督《かとく》を継いだ元親は、天正《てんしょう》三年（一五七五）に一条《いちじょう》氏を破って土佐一国を手に入れると、「一領具足《いちりょうぐそく》」と呼ばれる武士や半農半士の武士団を中核とする土佐の精鋭を率いて、阿波・讃岐《さぬき》へと勢力を伸ばしていった。

これを警戒した織田信長は、元親を討つべく軍勢を組織するも、四国上陸を前にして「本能寺《ほんのうじ》の変」で命を落とす。まさに僥倖《ぎょうこう》と言える形で窮地を脱した元親は、勢いのままに四国統一を推し進める。当時の土佐は面積の三分の二が山地で占められて耕地が少なく、決して豊かな土地ではなかったが、元親は林業を盛んにして材木を築城ラッシュの全国各地に売りさばき、その利益を軍事費や国の運営費にあてた。そして阿波《あわ》・讃岐を制圧すると、天正一三年（一五八五）には伊予《いよ》を手中に収めて四国をほぼ統一したのである。

四国に覇をとなえた長宗我部元親の「その前」は……？

女の子のようだと家臣たちまで嘲笑

かくして四国の覇者となった元親であるが、幼い頃の彼は、背ばかり高くて体は細く、色は白く、あまりしゃべらず人目を避け、武芸よりも書を好む性格だった。近隣の豪族たちは元親を軟弱と見て長宗我部家を滅ぼす機会を伺い、父の国親は行く末を案じ、家臣たちは〝姫若子《ひめわこ》〟と呼んで陰で嘲笑《ちょうしょう》した。

そのためか、国親はとっくに元服を終えた元親をなかなか戦場に伴おうとはしなかった。家臣たちも「姫若子では仕方あるまい」と自虐的な心持で噂の種にしたという。

元親がようやく初陣《ういじん》を飾ったのは、永禄三年（一五六〇）五月のこと。長宗我部氏にとっては宿敵ともいうべき本山《もとやま》氏との「長浜《ながはま》の戦い」で、当時としては非常に遅い二二歳の初陣だった。しかも長浜に出陣した元親は、その歳になっておきながら、家臣に「槍とはどのように使えばいいのか」と尋ねたという。家臣は唖然《あぜん》としたものの、「敵の目を突くのが肝心です」と教えた。すると今度は元親が、大将たる者の戦場での心得を聞くので、家臣が「先に進まず、退かず、じっとしているものです」と答えると、「そのようなものか」とうなずいたという。

午前八時に始まった戦いの勝敗はなかなかつかず、長宗我部勢が押され気味になったとき、突如、元親が精鋭五〇騎を従えて敵陣に突入する。一見無謀に見えながらも、それは絶妙のタイミングを捉えていた。そして「あれは姫若子」と侮る敵を前に元親が槍をふるって先頭の二騎を突き殺すと、その気迫に押された本山勢が浮き足立って退却を始めた。終わってみれば味方の大勝利。元親の斬り込みが長宗我部勢に勝利をもたらしたのである。

家臣たちは大いに喜び、今度は「鬼若子《おにわこ》」と呼んで沸きに沸いたという。

そののち元親は、本山勢が逃げ込んだと思われる潮江城《うしおえじょう》を包囲した。そして、はやる将兵に、「この城には敵兵は一人もおらぬ」と弓矢も鉄砲も射かけさせず、粛々と無血入城を果たしたのである。なぜ無人だとわかったのか、いぶかる諸将には「まわりの鳥がいつもと変わらず飛んでいて、旗印が少し動かず、先に脱出した兵たちは一人も振り返っていなかったがゆえ」と、抜群の分析力をのぞかせた。

もはや、元親を嘲笑する者はいなくなった。父・国親の死はこのわずか二〇日後のことである。国親は病の床で元親の武勇と才幹を認めると次の当主に定め、安堵して世を去った。こうして元親は、「土佐の出来人《できびと》」として羽ばたいていくのである。

上《うえ》杉《すぎ》謙《けん》信《しん》

川中島を駆けた越後の龍
世に出る前に強いられた兄との対決

after 関東制覇を夢見た越後の龍

上杉謙信は五次にわたる武田信玄（晴信《はるのぶ》）との「川中島の戦い」を繰り広げる一方、関東にたびたび出陣して北条氏と熾烈な争いを繰り広げた越後の戦国大名である。晩年には越後《えちご》に加えて越中《えっちゅう》・加賀《かが》を制覇したが、無類の酒好きが祟ってか、天正六年（一五七八）、越後春日山《かすがやま》城にて脳卒中に斃れ、そのまま同地にて没した。享年四九。

謙信は戦上手で知られ、「手取川《てとりがわ》の戦い」では織田家の名将・柴田勝家《しばたかついえ》に完勝するなど、軍事的手腕に優れていた。

じつはこの謙信、たびたび名を変えている。謙信の名は出家してからの号で、それまでは第一三代将軍足利義輝《よしてる》から一字をもらい、上杉輝虎《てるとら》と名乗っていた。さらにその前は、上杉政虎《まさとら》。これは関東管領上杉憲政《のりまさ》から上杉の姓と管領職《かんれいしょく》を譲られたのを契機に改めた名であり、もともとは上杉姓でもない。元服後の初名は長尾景虎《ながおかげとら》という。

before
兄との対決

この長尾景虎は享禄《きょうろく》三年（一五三〇）に越後守護代・長尾為景《ためかげ》の子として生まれた。為景は、クーデターを起こして越後守護の上杉房能《ふさよし》を自刃に追い込んだ人物で、その三男である謙信は幼い頃から城攻めの遊びや武芸を好み、陰では「鬼若殿」と呼ばれるほどの勇ましい子だった。

だが三男だった景虎は、後継者争いを避けるために仏門に入れられてしまう。景虎が入ったのは、春日山城下にある長尾家の菩提寺である林泉寺《りんせんじ》で、景虎はこの寺で高僧・天室《てんしつ》光育《こういく》の薫陶を受けて育った。だが寺に入っても生来の性格は変わらず、学問のみならず兵学にのめり込んでいった。天室光育も将来の可能性を見込んでか、進んで兵学を教えていたようだ。

一方、天文一一年（一五四二）に父・為景が没すると、家督を継いでいた長男の晴景《はるかげ》は、一気に窮地へと追い込まれてしまう。中越地方で起こった反乱が終息することなく拡大の一途を辿っていたのだ。

そこで晴景は林泉寺に入っていた景虎を呼び戻す策に出る。晴景は景虎を還俗《げんぞく》させると、

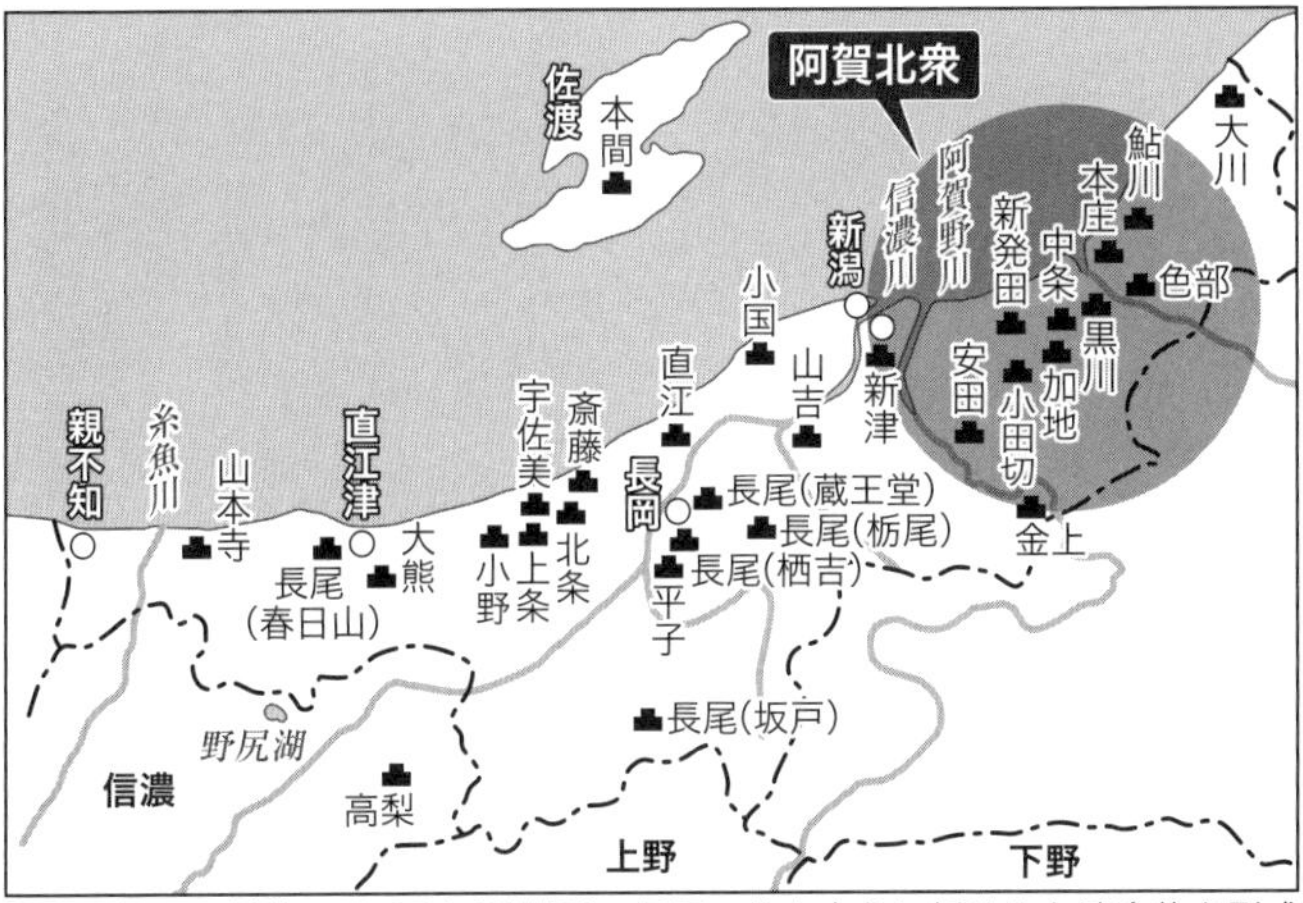

南北に細長い越後には、国人が割拠し、長尾一族を中心に緩やかな連合体を形成していた。なかでも阿賀北衆は、上杉謙信を積極的に支持した。

郡司の古志《こし》長尾家に養子入りさせ、栃尾城《とちおじょう》に名代として派遣した。

栃尾城に入った景虎は、反乱勢力の巣窟ともいえる中郡《なかごおり》に出兵し、黒滝城《くろたきじょう》をあっさり陥落させてしまう。その後も景虎は長尾家に従わない国人《こくじん》（在地領主・地侍・土豪）勢力を次々に制圧していった。

越後の国人たちにとって望むべくは強い盟主である。晴景では頼りなく思い、抵抗を続けてきたものの、景虎の出現によって情勢は一変した。

越後の国人たちが景虎を支持し始めたのだ。

こうなると面白くないのが晴景である。自分を差し置いて国人たちの支持を集める景虎に対する嫉妬心が芽生え始め、ついに天文一七年（一五四八）、家督を巡る兄弟の争いが勃発する。長尾家の家臣団も二派に分かれて矛を交えた。景虎には高梨政頼《たかなしまさより》や大熊政秀《おおくままさひで》、直江実綱《なおえさねつな》ら有力国人が味方についていた。

軍略においても、景虎は晴景を凌駕している。

それを端的に示すのが、『北越軍談』に見られる栃尾城での戦いである。押し寄せた晴景勢五〇〇〇に対して、景虎方は三〇〇〇。明らかに劣勢であったが、景虎は平然としている。討って出ようとする家臣を制すと、

「敵には小荷駄《こにだ》（輸送部隊）がいないではないか。兵糧を持たぬ大軍がこのまま夜営するとは思わぬ」

と断じた。果たしてその通り、夜になると晴景勢は撤退を開始したため、景虎はその機会を捉えて追撃し、晴景を打ち破ったのである。

この例からうかがえるように、景虎は兄を圧倒。天文一七年（一五四八）九月までに兄・晴景を追い詰め、家督を譲らせるにいたる。この時弱冠十八歳。

その後永禄元年（一五五八）、北条氏に追われた関東管領・上杉憲政を庇護《ひご》。さらに村上義清ら信濃の武将に請われて武田信玄と対峙するなど、景虎は天下の争いに身を投じていくのである。

水野《みず》野《の》忠《ただ》邦《くに》

どうしても幕政にかかわりたかった「天保の改革」の旗手が、幕閣になるために使った手とは？

after 倹約を強いた「天保の改革」

水野忠邦は江戸時代の後期、幕府の老中として「天保《てんぽう》の改革」を断行した人物として知られている。

当時の幕府は、一一代将軍家斉《いえなり》の奢侈な生活や消費経済への移行から財政は貧窮に追い込まれていた。そこで財政再建に乗り出した忠邦の改革の骨子は、引き締めの緊縮財政。まずは物価高騰を庶民の贅沢によるものとみなして倹約令を出し、歌舞伎《かぶき》など庶民の娯楽を徹底して禁じた。風俗統制も厳しく、作家の為永春水《ためながしゅんすい》などを風俗を乱すとして取り締まっていった。教科書にも出てくるいわゆる「天保の改革」だ。

このように庶民に厳しい倹約を課した忠邦だけに、相当な倹約家と思われがちだ。ところが自らは老中になる前、信じられないような方法でのしあがった経歴があったのである。

☞倹約の政治家の意外な「その前」とは……？

before 賄賂戦術でスピード出世を果たす

水野忠邦が幕府の職務の出発点である奏者番《そうじゃばん》についたのは、二二歳の時だった。その後、いずれは天下の政治を行ないたいという志を胸に、出世街道をひた走っていく。その出世のために信じられないほどの多額の賄賂《わいろ》を使ったのである。

まず忠邦が藩主を務める唐津藩《からつはん》は、外国との窓口となる長崎警固《けいご》の重任を担っていたため、幕閣の人事からは除外される規定になっていた。すると忠邦はほかの領地への転封を願い出たのである。大名の引っ越しは莫大な出費を強いられる。出世のために転封などありえないと家臣らは反対したが、忠邦は考えを曲げなかった。

このとき、忠邦が味方につけたのが当時老中職にあった一族の水野忠成《ただなり》だ。この水野忠成は賄賂でのし上がった典型的な人物である。

忠成の用人は有力者とわたりをつけるため、体が悪くなったといってその屋敷に入り込み、その翌日には贈り物を持参し丁寧に礼を述べ、その有力者と親しくなるという手法を使った。しかもその後も手厚い賄賂を忘れないので、忠成が出入りするとどこでも歓迎された。同時に忠成は一種の官吏採用テストに際し、その用人たちに願書の書き方などを教えたが、その口きき料も受け取るなど賄賂を集めることにも余念がなかった。

水野忠邦出世年表

寛政6年（1794）	唐津藩第3代藩主・水野忠光の次男として生まれる。
文化2年（1805）	兄の早世に伴い、唐津藩の世子となる。
文化9年（1812）	父・忠光の隠居に伴い、家督を継ぐ。
文化13年（1816）	猟官運動の末に奏者番となる。
文化14年（1817）	唐津から浜松藩への転封を自ら願い出て認められる。寺社奉行兼任となる。
文政8年（1825）	大坂城代となり、従四位下に昇位。
文政9年（1826）	京都所司代となって侍従・越前守に昇進する。
文政11年（1828）	西の丸老中となる。
天保5年（1834）	本丸老中・水野忠成の死に伴い、本丸老中に任ぜられる。
天保10年（1839）	老中首座となる。

山吹色のお菓子が飛び交う政界事情にあって、忠邦は賄賂を最大限に利用した。かくして忠成の後押しもあり、忠邦は願い通り浜松藩《はままつはん》への転封を勝ち取っている。その後も国元に対して藩債の返却を拒否してでも二千両を送金するよう命じているが、これも賄賂資金だった。

この執念ともいえる賄賂戦術により、大坂城代や京都所司代《きょうとしょしだい》、西丸老中などとトントン拍子に出世し、ついに天保五年（一八三四）本丸老中に昇進する。そして将軍家斉の信頼を得て老中首座にまで上り詰め、家斉の死後、一二代将軍家慶《いえよし》のもとで改革に着手するに至る。すると自分が多額の金をばらまいて老中になった経歴を忘れたかのように、庶民に贅沢を禁じたのである。

乃木希典《のぎまれすけ》

軍旗を敵軍に奪われたショックから、死に場所を求め続けた日露戦争の英雄

after

日露戦争の英雄

明治三七年（一九〇四）に勃発した日露戦争において、第三軍司令官として旅順《りょじゅん》攻略戦を指揮し、八カ月にわたる激戦の末、これを陥落させた日露戦争の英雄・乃木希典《のぎまれすけ》。輝かしい戦歴を持つ乃木だが、若い頃の戦いで最大の屈辱を味わい、自殺を考えるまで打ちひしがれたことがある。

☞ **軍神乃木の人生を決めた「その前」とは……？**

before

軍旗を敵に奪われ切腹を考える

明治一〇年（一八七七）二月、第一四連隊の連隊長であった乃木は、西南戦争の勃発にあたり、薩摩軍の包囲を受ける熊本城を救援すべく、福岡より第三大隊を率いて南下した。するとその途中、熊本の植木《うえき》で薩摩軍の夜襲を受ける。乃木の部隊は後方に撤退したが、

乃木神社の境内に復元された乃木の旧宅。日露戦争後も乃木は学習院長を務めるなどしている。

薩摩軍の追撃は激しく、軍旗を奪われてしまう。薩摩軍は「第一四連隊の守護神を得た」として、翌日熊本城外の高地にこれを高々と掲げて嘲笑した。

乃木も九死に一生を得たほどの混戦だったが、連隊旗は天皇から賜《たまわ》った大切な旗である。その喪失を知った乃木はひたすらにこれを恥じ、「陛下から賜った軍旗を失い、どうやって陛下に謝ることができようか」と自刃しようとしたので、周囲の者が必死で止めたという。

乃木は自ら処罰を乞い、本営でも議論されたが、結果的に沙汰なしとなった。

しかし処罰されないことで自責の念を強めた乃木は、死に場所を求めるかのように奮闘する。木葉《こば》、高瀬《たかせ》、白石村と転戦し、ついに玉名村で左足背骨貫通の銃創を受けて後方の病院へ移送された。しかしじっとしていることができず二週間で無理やり退院し、モッコに乗って戦線に復帰。すると今度は左腕を負傷して再び入院したのだが、またしても病院を脱出して馬の鞍に自らの身体をくくりつけて指揮を続けた。ここで軍の上層部も見かねたのか、乃木の配置換えを行なって熊本鎮台参謀に任命する。すでに熊本城は解放されて薩摩軍は遠くに去っており、乃木の配属先は留守部隊であった。彼は死に場所を失ったのである。

当時熊本鎮台《ちんだい》の参謀を務めていた児玉源太郎《こだまげんたろう》は、のちに「陛下のご沙汰があるまでは乃木を切腹させてはいけないときつく言いわたされていたので、自決させないように見張りをつけていた」ともらしている。

その後は日清戦争では要衝旅順を攻略し、日露戦争でも旅順攻囲戦を指揮するなど、何かに取りつかれたように奮闘する。二〇三高地の攻略時には多大な犠牲者を出したため、軍司令部では乃木の更迭《こうてつ》案が浮上したが、「変えたら乃木は生きてはいない」と明治天皇が反対されたという。帰国した乃木が死をもって謝罪したいと乞うた時も天皇が、「今は死ぬべきではない」と諭したといわれている。

大正元年（一九一二）九月一三日、乃木は明治天皇の大喪の日、妻の静子とともに殉死した。遺書には旅順で戦死した兵士への謝罪のほか、軍旗喪失のことにも言及されていた。

小《こ》村《むら》寿《じゅ》太《た》郎《ろう》

家財道具は何もなし！日本の外交に尽くした外務大臣の借金苦時代

after 悲願の不平等条約改正を成し遂げる

小村寿太郎は、明治中期から後期にかけて活躍した外交官である。

明治二九年（一八九六）五月、日露で朝鮮内政を共同監督する小村＝ウェーバー協定の締結で頭角を現わした小村は、のち、外務次官、駐米・駐露公使を歴任後、駐清公使となり、義和団《ぎわだん》事件収拾の国際会議で日本全権となった。

明治三四年（一九〇一）より第一次桂《かつら》内閣の外務大臣に就任して日英同盟を締結し、日露戦争ではロシアとの間にポーツマス条約を結び戦争を終結させた。

その後も明治政府の悲願だった関税自主権を求める条約改正を成し遂げるなど、明治日本の外交を担った人物である。

☞この小村寿太郎の「その前」とは……？

before 借金取りから逃げ回っていた

若き日の小村寿太郎は、父が事業失敗で残した莫大な借財を一身に背負い、大借金地獄に陥っていた。

さらにその借金を支払うため高利貸しから借金を重ねる羽目になり、その結果、借金は元利合計一万五〇〇〇円にも膨れ上がっていた。これは今日の金額にすると二億円近くに達する。

しかも借りた相手が高利貸しだったため、利息は月一割でも一五〇〇円に上った。小村の給料は最初の司法省時代が年額一二〇〇円、外務省に入った時が一八〇〇円。一般に比べて高給取りでも、これではとうてい支払える額ではない。

そのため小村家の家計は火の車。当然めぼしい家財道具は売り払われ、差し押さえられた。居間には長火鉢と座布団二枚しかなく、身の回りのものを詰めた古い外国製トランク、動かない柱時計、茶箪笥と火鉢、そして書籍類が彼の所有物のすべてだった。衣服もたった一枚のフロックコートのほかには目ぼしいものはなく、役所では昼食抜きの日も多く、いつも腹をすかせていたという。

借金取りに追い回された小村は、一週間役所にも出ずに友人の家を泊まり歩くなどの無

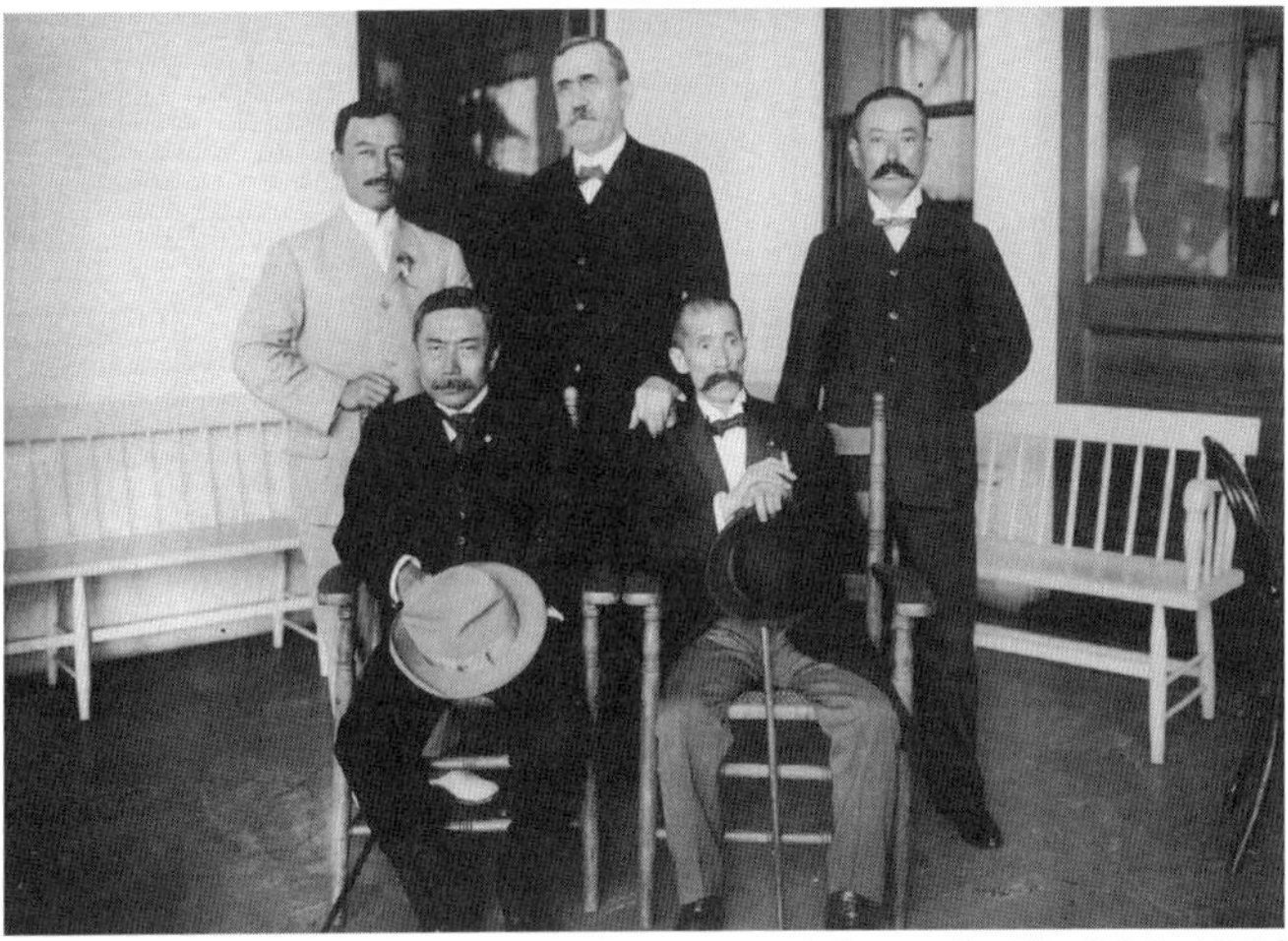
ポーツマス講和会議に出席の日本の講和団。その容貌から「ねずみ公使」と呼ばれた小村は前列右。

断欠勤も繰り返した。そのためついに外務省もクビ寸前にまで追い込まれてしまう。

この借金取りに追われる日々は一〇年続いた。一方で、花柳界で遊んでいたこともあったから、ほんとうに返す気があったのかどうか……。他人からの援助は拒否していた小村だったが、この状況に大学以来の旧友であり、外務省に小村を紹介した杉浦重剛らが、このままでは彼の将来が断たれると心配して立ち上がる。

お金をかき集めて債権者らを説得して借金を大幅に割引させ、新債を興して負債の大半を支払った。残りは無利息の約束で、毎月百円支払うことでようやく小村は一〇年にもおよんだ借金生活にひと息つくことができたのである。

こうした友人の尽力に対し、小村はお礼どころか、「毎月の収入を渡すから、諸君で適当に処分して欲しい」と述べたという。負債者の言葉とは到底思えない。

だが、この雌伏の時代がのちに意外な形で生きることになる。じつは借金に追われていた時代、小村は上司に認められず翻訳局で一〇年間ろくな仕事もなくくすぶっていた。ただし小村はその間、無為に過ごしていたわけではない。生来の読書好きもあり、有り余った時間で読書に励んでいたのである。その内容は諸般におよび、片っ端から読み漁った。

小村自身この時に「たいていのことは研究した」と豪語しているほどである。その知識量と見識に目をとめたのが時の外務大臣・陸奥宗光《むつむねみつ》である。ある時、通商局長（当時）の原敬に紡績に関するある英語の意味を尋ねたところ、傍らにいた小村がイギリスの綿製品、木綿の産額、輸出入に至るまで詳細に回答したのである。陸奥はその知識量に舌を巻くが、その知識は紡績のみならず諸般におよんでいた。

小村のこれらの知識量と器量を認めた陸奥は彼を引き立て、北京《ペキン》に赴任させた。ここから外交舞台での小村の活躍が始まるのである。やがて陸奥が治外法権の撤廃、小村が関税自主権の回復と、このふたりで困難を極めた諸外国との条約改正を成し遂げる。これができたのも、ふたりが深い絆で結ばれていたからだろう。

高杉晋作《たかすぎしんさく》

奇兵隊を創設し、長州藩を勤王倒幕へと導いた革命児も父親の威厳にはかなわなかった！

after 動けば雷電の如く……

幕末の長州藩士・高杉晋作は、尊攘討幕運動の指導者のひとりで、とくに身分を問わず兵を募り、近代的軍隊の先駆となった「奇兵隊《きへいたい》」の創設者として名高い。

高杉は、第一次幕長戦争ののち、藩内の保守派が尊攘派を追い落として藩の実権を握ると、文久《ぶんきゅう》元年（一八六四）末に決起し、翌年はじめにかけて藩内の保守派を打倒。藩論《はんろん》を討幕へと再転換させた。このクーデターがなければ、維新はもっと遅れていただろう。

高杉はもともと吉田松陰《よしだしょういん》による松下村塾《しょうかそんじゅく》の塾生だった。松陰の信頼も厚く、同門の久坂《くさか》玄瑞《げんずい》とともに「双璧《そうへき》」と称えられ、将来を嘱望《しょくぼう》されたが、激烈な人生の末に、わずか二九歳でこの世を去っている。絶望知らずの革命児とも呼ばれる長州の風雲児だった。

その風雲児の様子を今日に伝える、同じく松下村塾の塾生だった伊藤博文《いとうひろぶみ》の次のような有名な追悼の言葉がある。

——動けば雷電《らいでん》の如く、発すれば風雲の如し、衆目駭然《しゅうもくがいぜん》として（驚いて）敢えて正視するものなし、此れ我が東行高杉君に非《あら》ずや。（高杉晋作顕彰碑文）

実際高杉晋作は、〝動けば雷電の如く〟であり、それ故、明治維新の魁《さきがけ》となったのだ。

☞ **〝雷電の如く〟だった高杉晋作の「その前」は……？**

before 高杉晋作は父親コンプレックスだった

「松下村塾」といえば、今日では明治維新を成し遂げた人たちの立派な私塾と捉えられているが、当時（幕末の頃）の評価は、今日とはまるで違っていた。

松下村塾は萩《はぎ》城下の人々から危険な存在と見られ、良い印象を持たれていなかった。「乱民《らんみん》」と呼び、白眼視《はくがんし》さえする者もいた。そのため高杉家でも跡継ぎである晋作が松陰と交流するのを好まなかった。藩の大坂蔵屋敷の責任者だった祖父の又兵衛《またべえ》も、晋作に対して折に触れ、「何卒大なることをしてくれるな。父様の名に関わるから」と言って聞かせていた。父の小忠太《こちゅうた》も頑固な保守派で、密航の廉《かど》で逮捕されたような人物（吉田松陰）が教える塾に通うなどもってのほかと考えていたし、息子には平穏な人生を送り、家名を汚さない道を望んでいたのである。

晋作はとくにこの小忠太に弱かったようで、仲間たちが江戸遊学に出て政治活動に身を投じるのを見て焦りを感じながらも、志士としての活動に本腰を入れることができずにいた。やがて小忠太は藩主の世子《せいし》に従って江戸詰めとなったが、それでも家には又兵衛が残り、晋作を監視した。そのため、晋作は自宅から松下村塾までの道を又兵衛に隠れて通わなければならなかった。

たしかに晋作に限らず、松下村塾の門人には親や親類の反対に悩んだ者が多かったようだが、特に晋作は親に頭が上がらなかった。

久坂玄瑞に送った手紙にも、「父のことゆえどうするわけにもいかない」「父が日夜自分を呼びつけ、つまらぬ考えを申し聞かせるのだ。つまらぬと思うが父のいうことだから致し方ない」と苦衷の胸中を語っている。

また、祖父が死去した際に松陰から送られた悔みの手紙への返事でも、「親戚がいなければ、すぐにでも先生のもとに参りたい」と、親戚からも監視されていた様子が書かれている。

のちに英国公使館を焼き討ちにし、馬関《ばかん》戦争の敗戦処理ではふてぶてしい態度で諸外国との交渉を優位にまとめるなど、何者をも恐れぬ大胆な行動を見せた高杉晋作だが、革命児として知られる人物像の裏側では、父の言いつけに背くことをひたすら恐れる孝行息子の姿があったのである。

岩倉具視《いわくらともみ》

明治政界を牛耳った辣腕の公家が、幕末に味わった極貧時代

after

錦旗を勝手に作り倒幕派を勝利に導く

明治維新を陰で演出した怪物……とされているのが、岩倉具視だ。何よりもその怪物の容貌が凄い。少し前の五〇〇円札を取り出してみて欲しい。なんとも目つきの鋭い顔だ。その容貌に違わず、岩倉具視は巧みに王政復古のクーデターを主導した。その巧みぶりとして挙げられるのが、「錦旗《きんき》〝捏造《ねつぞう》〟事件」だ。

当時、徳川幕府のバックには朝廷があった。第一五代将軍の徳川慶喜《とくがわよしのぶ》などが、公武合体を主張していたことでこのことはよくわかる。とすると、薩長を中心とする倒幕派は朝廷を敵に回すことになるから、何とも都合が悪い。そこで岩倉具視は、〝我等こそ朝廷側〟であるとして、その旗印である錦旗を勝手に作り、それを押し立てて「鳥羽《とば》・伏見《ふしみ》の戦い」に臨んだのだ。それを見て、徳川方は戦意を失い、倒幕派が勝利したのである。

錦旗を勝手に作ってしまったのだから、何とも巧みと言うほかはない。こののち岩倉具

視は明治新政府で参議《さんぎ》や太政大臣《だじょうだいじん》代理などを歴任して政府の中心にあり続けた。

明治初期の影の実力者・岩倉具視の「その前は」……？

before 公家でありながら、邸を博徒に貸して賭場を開く

岩倉は文政《ぶんせい》八年（一八二五）、中納言《ちゅうなごん》堀河康親《ほりかわやすちか》の次男として生まれ、岩倉家の養子となった。岩倉家は一五〇石で、最下級の公家ではなかったが、「公卿《くぎょう》」という格式だけがあったため家士を置かなければならず生活は苦しかった。そのため、岩倉は幕府の探索が入らない特権を利用して、邸を博徒《ばくと》に貸し出して賭場を開帳させ、寺銭を稼いでいた。

それでも関白鷹司政通《かんぱくたかつかさまさみち》に認められ、侍従《じじゅう》になるとめきめきと頭角を現わしていく。そして皇権回復をめざし、公武合体策である和宮《かずのみや》降嫁を推進した。

ところがこれが尊王攘夷派の志士《しし》や公家の怒りを買ってしまう。

岩倉は辞官《じかん》・剃髪《ていはつ》の上蟄居《ちっきょ》を命じられた。この時岩倉は「無念の次第」と絶句。こうして岩倉の政治活動は一度挫折したのである。失意の岩倉は家族とともに文久二年（一八六二）から約五年間、京都郊外の岩倉村に移り、隠遁《いんとん》生活を送った。借りた家は六畳、四畳半、三畳の三室で、風雨を凌《しの》ぐ簾《すだれ》は破れ、柱は傾くなど廃墟同然のあばら家だった。おまけに尊王攘夷派の志士に命を狙われていたので、身を隠して住まわなければならなかった。

もとより貧乏公家で蓄えとてなく、有志の援助に頼るしかない極貧生活が始まった。子どもが小川でとってきた小魚を喜んで食べたり、野草を取り歩くなど極貧の日々が続く。娘が生まれた時には産着も買えなかった。この時慣習に従って娘を農家に里子に出したが、その里扶持《さとぶち》さえ払えないので、娘を農家にやってしまおうかとも悩むほどだった。その後、何とか家を移っているが、貧しいことに変わりはなかった。

世間で世のなかの大きなうねりが起きようとしているなか、岩倉は隠遁生活を強いられている自分に焦燥をおぼえていただろう。だが、この試練の生活は岩倉のその後の政治活動に大きな影響を与えることになる。

時勢を見極める政治眼を養い、国政の前途に対する思索を深めたのもこの時期だった。また文久三年（一八六三）八月一八日のクーデターによって尊攘過激派が京都から一掃されると、岩倉のもとには志士たちが足しげく訪れるようになった。岩倉の見識、巧みな弁舌は人をひきつけるものがあったのである。坂本龍馬や中岡慎太郎《なかおかしんたろう》、大久保利通らも訪れている。志士との交流のなかで世の情勢を見極めた岩倉は、「公武合体を軸とした皇権回復」から倒幕、王政復古へと路線を変えたのである。

慶応三年（一八六七）に許された岩倉は政界に復帰する。すでに強硬な討幕論者となっていた岩倉は、薩長への討幕の密勅《みっちょく》降下を画策するなど、政治力を発揮することになる。

菅《すが》原《わら》道《みち》真《ざね》

非業の最期を遂げた学問の神様が、試験で受けた屈辱の評価とは？

after トントン拍子の出世が政敵に妬まれる

菅原道真は、平安時代の貴族であり学者だが、よく知られている和歌は次の一句だ。

東風《こち》吹かば匂《にお》いおこせよ梅の花　主なしとて春を忘るな

優雅な句だが、この句には菅原道真の怨念が込められている。その怨念とは——。

菅原道真は、貴族の出だ。祖父の清公《きよとも》も父の是善《これよし》も朝廷に出仕して従三位《じゅさんみ》の栄に浴している。その血筋もあって、道真も早くから才能を発揮。寛平《かんぴょう》三年（八九一）には、第五九代の宇多《うだ》天皇から蔵人頭《くらんどのとう》に抜擢され、のち、左京大夫、参議、中納言、大納言を経て、ついに昌泰《しょうたい》二年（八九九）には右大臣にまでなっていた。文字通りトントン拍子である。

これを妬《ねた》ましい思いで見ていたのが、藤原時平《ふじわらのときひら》だ。彼は目障りな道真を追い落とそうと機をうかがっていた。そうしたとき、道真の後ろ楯となっていた宇多天皇が退位し、新たに第六〇代醍醐《だいご》天皇が即位。時平はこの機を逃がさず、すぐさま道真に「無実の罪」を着せて醍醐天皇に訴え出た。天皇は、これを信じて道真を九州の大宰府《だざいふ》に流したのである。
道真にしてみれば無実の罪だからたまらない。その怨念を込めて（しかし怨みそのままでは文人としての誇りに傷がつくから優雅に）作ったのが先の句……というわけだ。

☞菅原道真がスピード出世する「その前」は……？

before 成績は「中の上」だった

菅原道真の秀才ぶりは早くから有名で一一歳にして「月夜に梅花を見る」という詩を創作し、一八歳の若さで、文章生《もんじょうしょう》試験に合格。そのなかでさらに優秀な者が選ばれる文章得業生《とくごうしょう》に抜擢され、二六歳の時には当時、最難関の国家試験だった「方略試《ほうりゃくし》」にも合格した。まさに学問の神様の面目躍如である。

ところがこの時の評価は満点ではなく「中の上」。添えられたコメントも辛口だった。

この時の質問は「氏族を明らかにする」「地震を弁ず」という二問。道真の回答に対して、採点を担当した学者の都良香《みやこのよしか》は、「第一は歴史の考証に関して不備がある。第二は引用に不備がある。地震の起きる理由が極められていない。震動は大亀が六万年に一度の交代で生じるとこじつけ、引用にも不備がある」と回答の論理は強引でこじつけていると一刀両断。かなり厳しい評価を下している。

よほど出来が悪く、恥じる成績だったのかと思われるがじつはそうではない。試験が難しすぎたようだ。この試験が開始されて二三〇年の間に合格したのはわずか六五人。合格するだけで十分秀才である。しかも当時の回答は辛口が通例で、多くの受験者が中の上の成績で、さんざんこきおろされている。道真だけが特別悪かったわけではなく、「文章は文体に見るべき点があり、筋道がほぼ整っている」という評価も得ているのだ。

しかし交友をたち、寸暇を惜しんで勉強してきた道真はこの評価に納得がいかなかったらしく、その不満を詩でもって表わしている。だが、この残念な評価が道真を発奮させる。

道真はその悔しさをばねにさらに精進を重ね、学才を活かして異例ともいえる出世を遂げ、三三歳の若さで文章博士《もんじょうはくし》になった。文章博士とは官吏養成機関である「大学寮」で、歴史や詩を教える学者のこと。その定員はふたりで、もうひとり、文章博士を務めていたのが奇しくもかつて道真に辛口の評価を下した都良香だった。道真はわずか七年でかつての採点者と肩を並べたのである。しかもその二年後には道真は従五位上《じゅごいのじょう》になり、都良香の階位を追い越していく。それが悔しかったわけではないだろうが、都良香は道真昇進のわずか一カ月後に四六歳で急逝している。

こうして受験者と採点者の立場が逆転し、やがて道真は右大臣にまで上り詰めた。そして没後は類まれな学才から文学・学問の神様として崇められる天神様となったのである。

吉《き》備《びの》真《まき》備《び》

称徳朝の政治を取り仕切った右大臣が留学先の唐で学んだ意外な学問とは？

after 唐で兵法を学ぶ

「吉備真備」の名を聞いてどのような人物を想像するだろうか。よく阿倍仲麻呂《あべのなかまろ》とともに入唐留学生《にっとうるがくしょう》として唐に渡った奈良時代の人物として教科書に登場するが、彼の絶頂期は称《しょう》徳《とく》天皇の時代である。天平神護《てんぴょうじんご》二年（七六六）には右大臣へ昇進して政務の中心に立った。

真備の家は吉備地方の豪族吉備氏の一族で下道《しもつみち》氏を名乗っていた。真備の父は中央に出仕して下級官吏となった。そのため真備も下級官吏の道を歩むはずだったが、その優秀さが早くから認められ、二三歳の養老《ようろう》元年（七一七）には遣唐使に随行して唐に留学している。唐には二〇年近く滞在し、儒学、天文などを学んだ。

帰国後は留学で培った見識で橘諸兄《たちばなのもろえ》のもと政権のブレーンに抜擢されたものの、聖武天皇没後、藤原仲麻呂《なかまろ》の政権では九州に左遷されたのち、再び唐に留学する機会を得た。

『吉備大臣入唐絵巻』などによると、この入唐時は、真備が殺害を企てた唐の人物によって、鬼が棲むという楼に幽閉されたが、その鬼というのが真備とともに遣唐使として入唐した阿倍仲麻呂の霊であり、それによって助けられたという逸話が伝わっている。

☞唐に学んだ能臣吉備真備の「その前」は……？

before 唐で学んだもうひとつの学問

吉備真備（『皇国二十四功』（月岡芳年作））

真備は、このように二度も唐に留学するなかで、じつは『孫子《そんし》』や『呉子《ごし》』などの兵学なども学んでいる。帰国する際には多くの書物や品物を持ち帰ったが、角弓や鎧を射るのに用いる矢など、日本にとっては新兵器となる武器もいくつか持ち帰っている。

帰国後、真備は大宰少弐となったが、この頃、朝廷は新羅《しらぎ》征討を計画していた。真備は新羅に対する備えとし、軍船五〇〇艘を造らせている。また、西海道節度使に任じられ、所轄の九国から船一二一隻、兵士一万二五〇〇人、水手四九二〇人を選び、兵法などを学ばせるとともに、兵器も造らせた。中央からは真備のもとに兵法を学ぶ人が送り込まれてもいるから、当時の日本で兵法の第一人者とみられていたのだろう。

吉備真備は、兵法とともに築城も手がけている。

彼が朝廷の命で福岡県西部に築いたのが怡土城《いとじょう》である。この城は二八四ヘクタールと広大な城域を持ち、中国式山城の手法で一二年をかけて築かれたとされる。城郭内の細かな様子については不明だが、今でも土塁や望楼跡などが確認できる。

そうした真備の軍略が発揮されたのが天平宝字《てんぴょうほうじ》八年（七六四）に勃発した「藤原仲麻呂の乱」の鎮圧である。

仲麻呂の動きを見た真備は、すかさず三つの関を固く守らせ、仲麻呂らが遁走すると考えられる要所に兵を配置した。結果、仲麻呂は思うような行動がとれず、乱はわずか一七日で速やかに平定されたのである。

この時、真備は七〇歳だった。それから二年後の七二歳のとき、この功により右大臣に昇進している。学問の人として知られる真備だが、実は軍功により栄達を極めたのである。

春日局《かすがのつぼね》

徳川家光の乳母に隠された、夫の愛人殺害の鬼嫁時代

after 春日局は三代将軍家光の実母か？

春日局は、両親に疎《うと》まれていた徳川家光《いえみつ》を誕生間もない頃から養育し、さらには家康に家光の世継《よつ》ぎを直訴し、三代将軍職につけたという凄腕の乳母である。

将軍に就任した家光からも絶大な信頼を受け、大奥総取締役として権力を振るって大奥の諸制度を確立したことでも知られている。家光の補導役だった酒井忠世《さかいただよ》、土井利勝《どいとしかつ》らからも一目置かれる存在になり、さらには幕府の使者として朝廷に赴き、朝廷から従三位《じゅさんみ》の位と「春日局」の名を賜るなど、表舞台でもその名を馳せた。

江戸期を通じてこれほど権力を振るった乳母はなく、そのために家光の生母は春日局ではないかという説まで登場した。家康と春日局の間に生まれたのが家光だったというのである。真偽はともかく実の親子と疑われるほど、家光が春日局を信頼していたといえる。

☞家光から絶大な信頼を受けた春日局の「その前」は……？

before

夫の愛妾を殺害して京都へ

春日局には、乳母になる前に、とんでもない前科がある。

もともと春日局は謀反人の娘として辛酸《しんさん》を舐めて育ってきた。本名を福《ふく》といい、父は斎《さい》藤利三《とうとしみつ》という。利三は何度か主を変えたのち、織田信長の家臣・明智光秀《あけちみつひで》に仕え、光秀が起こした「本能寺の変」では先鋒を務めた。利三はそののちの「山崎の戦い」に敗れて処刑されたため、以降福は豊臣の世を反逆者の娘として親戚のもとでひっそりと過ごした。

やがて母方の親戚である稲葉重通《いなばしげみち》の頼みで、その養子稲葉正成《まさなり》の後妻に入る。それから約十年間、稲葉家の嫁として、正勝、正定、正利《まさとし》の三子をもうけ穏やかな生活を送った。

ところが重通が京都で隠居生活を始めると、とたんに正成の態度が一変した。何人かの妾《めかけ》をつくった挙句、これ見よがしにこの妾たちを家に連れ込み、同居し始めたのである。

妻妾同居は当時としては珍しくないが、勝気な福は自分を軽んじる正成の態度に我慢がならなかった。慶長九年（一六〇四）、三男正利を生んだばかりの福は、ついに怒りを爆発させる。太刀を手に妾のひとりのもとへ赴くと、有無を言わさずにこれを刺殺。そのまま家を飛び出したのだ。なんと春日局には殺人の前科があったのである。

京都へ出た福は稲葉重通を頼った。何か仕事はないかと探していたある日、粟田口《あわたぐち》の高

春日局の前半生

天正７年（1579）	明智光秀の家臣・斎藤利三の娘として生まれる。
天正10年（1582）	父・利三が山崎の戦いで敗北。母とともに京、ついで実家の稲葉家へ逃れる。
天正17年（1589）	三条西実条を頼り、京都で和歌などの教養を身につけたとされる。稲葉一鉄の長男・稲葉重通の養女となる。
文禄４年（1595）	稲葉重通の養女となり稲葉正成（小早川秀秋の家老）に後妻となる。
慶長２年（1597）	最初の男子・稲葉正勝を出産する。
慶長５年（1600）	夫・稲葉正成が関ヶ原の戦いで、主・小早川秀秋の寝返りに貢献する。
慶長７年（1602）	小早川秀秋の死に伴い、小早川家が改易。稲葉正成が浪人となる。
慶長９年（1604）	稲葉正成と離婚する。竹千代（徳川家光）の乳母として採用される。

札場で一本の高札を目にする。そこには「将軍家の孫の乳母《うば》を募集する」と記されていた。幕府では二代将軍秀忠《ひでただ》と正室《せいしつ》お江《ごう》の間に生まれたばかりの嫡男・竹千代《たけちよ》（のちの家光）の乳母となる女性を京都で探していたのだが、当時としては未開の地であった江戸に行くことを嫌って応じる女性がいなかったのである。しかし福は躊躇《ちゅうちょ》することなく乳母募集を担当していた京都所司代の板倉勝重《いたくらかつしげ》を訪ねた。福のはきはきした態度に加え、反豊臣の家柄であったことが幸いして福は採用された。

　彼女がこのタイミングで妾殺しをして京都に出なければ乳母になることはなかっただろう。皮肉にも狂気の前科が彼女の人生を切り開いたのである。

新《あら》井《い》白《はく》石《せき》

正徳の治を演出した大儒学者が世に出る前に味わった苦節の浪人時代

after

「正徳《しょうとく》の治」と呼ばれる改革を推し進める

儒学者として有名な新井白石は、徳川六代将軍・家宣《いえのぶ》と七代将軍・家継《いえつぐ》の二代にわたって儒臣として仕え、幕政を補佐して善政を敷いた。

白石は、五代綱吉《つなよし》による「生類憐《しょうるいあわれ》みの令」をすぐさま撤廃し、悪貨を廃止して高純度の正徳金銀を発行してインフレに歯止めをかけた。さらに、朝鮮通信使の待遇を簡素化して経費を削減し、金銀の海外流出を防ぐために長崎貿易を制限するなど、次々と改革を行なった。

これは、その時代の名を取って「正徳《しょうとく》の治《ち》」と呼ばれている。

白石は現実を見極め、的確な施策を行なう優れた政治家だったが、しかし最初から出世街道を歩んでいたわけではない。

☞**幕政に関与する立場になるまでの「その前」とは……？**

before

御家騒動で浪人の身に

新井白石は、明暦《めいれき》三年（一六五七）、上総《かずさ》の久留里《くるり》藩主・土屋《つちや》家に仕える新井正済《まさはる》の子として生まれた。父は儒学者ではなく、ごく普通の武士だった。

新井白石が侍講として仕えた徳川綱豊（のちの家宣）の居城・甲府城。

白石は、三歳の頃から読み書きを覚え始め、一三歳で藩主の側にいて文書の代筆をするほど将来を嘱望《しょくぼう》されていたが、二一歳の時に土屋家に家督争いが勃発、これに巻き込まれた新井家が敗北した側についていたため、白石は追放の憂き目に遭ってしまう。すでに父親は引退しており、年老いた父母を抱えて白石は路頭に迷うことになった。

しかも、この追放には、他家に仕えてはならないという「奉公構《ほうこうがまえ》」がついていたので、白石は再仕官することもできない。白石は義兄の援助を受けながら、細々と食いつなぐしかなかった。

そんな白石が再就職できたのは、天和《てんわ》三年（一六八三）のことだった。土屋家の内紛が納まらず、土屋家そのものが廃絶になったため、奉公構が無効になったのである。

これによって白石は、幕府大老の要職にあった堀田正俊《ほったまさとし》に仕えることができたのだ。

しかし、せっかくの再就職も長くは続かなかった。

貞享《じょうきょう》元年（一六八四）に、堀田正俊が江戸城中で若年寄の稲葉正休《まさやす》に殺害されてしまったのである。堀田家は山形、さらに白河へと転封となり、藩の財政は次第に逼迫。扶持はどんどん下がり、白石はしばらく我慢していたものの、結局、余りの激減に耐えかねて、白河藩を辞してしまったのである。

こうして白石は再び無職となる。彼は非常に優秀なので、塾を開けば稼ぐことはできたはずだが、あくまで学問の大成を優先して儒者木下順庵《きのしたじゅんあん》の門に入ると、師の木下順庵から甲府《こうふ》藩主徳川綱豊《つなとよ》に紹介され、仕官が叶ったのだ。三七歳の時のことである。

この綱豊がのちの六代将軍家宣で、家宣の将軍就任とともに白石は一気に幕閣の中心人物になっていく。

マシュー・ペリー

日本を開国させた黒船の艦長は、なんとリベリア共和国建国の父だった!?

after

日本に強引に開国を迫った黒船の艦長

嘉永六年（一八五三）年六月三日。神奈川県の三浦半島東部の浦賀沖に突然黒色の軍艦四隻が姿を現わした（幕府はオランダから『オランダ風説書《ふうせつがき》』によって逐一ペリーの動向を把握していたから、必ずしも突然ではないのだが）。いわゆる黒船の来航である。

黒船を率いてきたのは、アメリカ合衆国・東インド艦隊司令長官のペリーで、彼は鎖国状態にあった日本に対し強引に開国を求めてきた。江戸湾深く入ってきたばかりではない。そのまま測量も始めた。さらには砲門を江戸城に向けるや、空砲を撃って見せたりもした。その轟音に幕府要人も庶民も腰を抜かすほど驚いた。その様子を揶揄《やゆ》したのが左の狂歌だ。

泰平の眠りを覚ます上喜撰《じょうきせん》　たった四杯で夜も眠れず

上喜撰は、当時の上等なカフェインの強いお茶で、ペリーが率いてきた〝蒸気船〟と掛けている。蒸気船四杯（四隻）で、恐ろしさの余り夜も眠れない、というわけだ。

かくして幕府は、これまでの祖法を破って開国へと舵を切り、ここから日本史の解りよい時代区分の〝幕末〟が始まることになる。幕末の歴史には多くの外国人が登場するが、このペリーこそ、日本では最も知名度が高い人物と言っていいだろう。

しかし、ペリーという人物についての知識は、黒船の艦隊司令長官（東インド艦隊司令長官）だということや、日本に開国を迫った人物であるといったことぐらいで、彼がどのような経歴を持っていた人物だったのかということについては、余り知られていない。

日本に強引に開国を迫ったペリーの「その前」は……？

before 黒人奴隷を祖国に戻す運動に奔走する

ペリーのフルネームは、マシュー・カルブレイス・ペリー。一七九四年、アメリカ北部のロードアイランド州サウスキングストンで生まれた。父は独立戦争に従軍した軍人で、兄も軍人。ペリーも軍人としての道を選び、兄と共にアフリカ、西インド諸島、地中海方面など、各地を転戦した。その転戦の途中、ペリーは蒸気船の重要性に気づき、アメリカ艦隊の蒸気船化に情熱を注ぐようになった。

ペリーはアメリカ政府に働きかけて蒸気船を主力とする海軍の強化策を進め、同時に士官教育も行なったのである。この功績により、ペリーは「アメリカ蒸気船海軍の父」と呼ばれており、海軍教育の先駆者ともされている。

さらにペリーは、リベリア共和国を創設するための慈善事業にも参加している。当時、アメリカでは黒人奴隷を祖国に帰そうという運動が起きており、この運動に賛同したペリーは、自ら志願して送還船に乗り込み、黒人をアフリカに再移民させたのだ。

アフリカでの植民地にふさわしい土地の選定にも携わり、ペリーが選んだのは、モンテサラドだった。ペリーは、この地を大統領ジェイムス・モンローの名をとって「モンロビア」と命名し、この地を中心に国造りが始まったのである。こうして生まれたのが、モンロビアを首都とする今日のリベリア共和国で、その貢献度から、リベリア共和国では、ペリーを建国の父としている。さらに、一八四六年のアメリカとメキシコとの戦争でも司令長官として果敢に戦い、戦争終結までの間、占領軍司令長官としてメキシコの民政を担当し、国民的英雄となっている。

そうしたペリーに日本へ開国を求める使節としての任務が与えられたのは、アメリカにとって今後の重要な戦略エリアとなる極東地域の要衝である日本と、どうしても交渉を持ちたかったことによる。

そのために、アメリカ政府は、華々しい功績を持つ偉大な軍人であるペリーを東インド艦隊司令長官に任命し、日本へ向かわせたのである。

松《まつ》尾《お》芭《ば》蕉《しょう》

江戸に出てきたばかりの俳人が生活費を稼ぐために従事していた仕事とは?

after 農家の次男坊として誕生し、武家へ奉公

日本には多くの俳人がいるが、なんといっても最も有名なのは松尾芭蕉だろう。松尾芭蕉は、俳句の元である「俳諧《はいかい》」を芸術として確立させた江戸時代前期の俳人で、著書『奥の細道』は日本ならず世界でも有名だ。その人生は、多くの門下生を抱えて優雅に俳句を読んで暮らしたイメージがあるが、芭蕉は必ずしも俳人として恵まれた家に生まれたわけではなかった。その成功の裏には、意外な前歴がある。

芭蕉は、本名を宗房《むねふさ》といい、芭蕉は俳号である。寛永《かんえい》二一年（一六四四）、伊賀上野《いがうえの》の農家の次男として生まれた芭蕉は、一三歳の時に父親を亡くし、長男が跡目を継ぐと、侍大将の藤堂《とうどう》新七郎家に奉公に出た。この藤堂家の嫡男良忠《よしただ》が芭蕉の二歳年上で、のちに俳句の基礎となる集団文芸である「俳諧」を好み、北村季吟の下で「俳諧」を学んでいた。芭蕉は良忠と親しくするうちに共に季吟に学ぶようになり、二一歳で俳壇にデビューを果

伊賀市に伝わる松尾芭蕉の生家。

たしたのである。

そのままいけば、芭蕉は俳諧をたしなみつつ、良忠の元で働き続けていたことだろう。しかし、良忠は病で寛文《かんぶん》六年（一六六六）にこの世を去ってしまい、芭蕉は藤堂家を辞することになった。その後の生活については不明な点も多いが、俳諧を続けながら、二九歳の頃に江戸へ出たのである。

芭蕉が江戸で名声を博す「その前」は……？

before 水道工事で鍛えた体で奥の細道を走破!?

江戸に出た芭蕉は、多くの俳人と交わり、俳人として生きる道を歩んでいく。延宝《えんぽう》五年（一六七七）か六年頃、俳諧宗匠として独立を果たし、多くの門人を持つ立場となっていた。そうしたなかで俳諧から独立した俳句を新しい芸術として確立。三四、五歳で、芭蕉は江戸で俳人として高い地位を得ていたのである。その後も、四〇歳で故郷の伊賀へ向けて『野ざらし紀行』の旅に出たり、四二歳で有名な「古池や蛙《かわず》飛びこむ水の音」の句を詠んだり、四六歳で奥の細道の旅に出るなど、活発に活動している。しかし、金銭的に充分だったかというと、必ずしもそうでもないようで、なんと彼は、俳句で名をなす前の三〇代の頃、水道請負人、つまり水道工事の現場監督の仕事をしていたのだ。

江戸時代後期に書かれた喜多村信節の『筠庭雑録《いんていざつろく》』に、延宝八年（一六八〇）の「役所日記」には、「明後十三日、神田上水道、水上総掛りこれ有り候ふ間、相対致し候ふ町々は、桃青《とうせい》方へ急度申し渡すべく候」という町々への触状が抜粋紹介されている。「桃青」とは、芭蕉のことである。さらに、許六の『風俗文選』芭蕉伝に、芭蕉が水道工事に携わっていたのは、延宝五年（一八七七）から四年間だということが分かる記述も残っている。

こうした記述から、芭蕉が行なっていたのは、工事の差配《さしはい》や事務などを取り扱う仕事で、工事が行なわれるときだけ働く非常勤勤務。つまり、芭蕉は俳業の傍らでアルバイトのような仕事を行なっていたようなのだ。こうした仕事で鍛えていたからこそ、四六歳になっても奥の細道二四〇〇キロの大旅行ができたのかもしれない。

第三章

偉人たちの性格に裏打ちされた納得の前歴

上杉鷹山
武田信玄
大久保利通
紫式部
伊能忠敬
福沢諭吉
板垣退助
藤原道長
藤原定家
後藤又兵衛
平賀源内
北条政子
徳川慶喜
住友政友
坂崎直盛

上《うえ》杉《すぎ》鷹《よう》山《ざん》

米沢藩の財政を立て直した名君が打った改革への非情な布石

after 一七歳で財政再建を任される

第三五代アメリカ大統領ジョン・F・ケネディ大統領が「尊敬する日本人は上杉鷹山」と発言したことから、一躍ワールドクラスの知名度を誇るまでになった上杉鷹山は、財政改革を断行して、財政難に喘《あえ》ぐ米沢藩を立て直した名君として知られる。

改革の内容は多岐にわたる。日常の食事を一汁一菜、衣服を木綿として奥女中を五〇人から九人に減らすなど、自らの生活費は七分の一に抑えるという徹底した質素倹約を実行。その一方で自ら率先して鋤をふるい開墾を行なった。さらに財政状況を公開した上で広く意見を募集し、自費を投じて始めた養蚕業を育て上げるなど次々と改革を断行していった。

もともと上杉家は藩祖・上杉景勝《かげかつ》の時代に会津《あいづ》・米沢一二〇万石を領有していたが、「関ヶ原の戦い」で西軍についたため、戦後米沢三〇万石への大減封を受けていた。しかもその際に家臣をリストラしなかったため、藩の成立当初から財政は逼迫《ひっぱく》していた。

その後、寛文《かんぶん》四年（一六六四）に三代藩主・綱勝《つなかつ》が跡継ぎを定めずに急死したことからさらに石高が削られ、半分の一五万石とされてしまう。以来、米沢藩は窮乏に喘ぎ、八代藩主・重定が再建不可能と判断して廃藩を幕府に申し出ようとしたこともあったほどだ。

そうした倒産寸前の米沢藩を任された鷹山の改革はわずか一七歳で藩主の座を継いだときから始まっていた。じつは鷹山は上杉家の生まれではなく、親戚の日向《ひゅうが》高鍋藩《たかなべはん》三万石の秋月種美《あきづきたねよし》の次男である。先代の米沢藩主・上杉重定《うえすぎしげさだ》に継嗣《けいし》がなかったため、鷹山はその養《よう》嗣子《しし》に迎えられたのである。

初入部の祝儀では、旧習ではご馳走が並ぶところを変更し、赤飯と酒のみ用意させると、「語ろうではないかと」とすすんで家臣の中へ入り、身分の低い足軽たちとも膝を交えて親しく接した。これを苦々しく思う重臣もいたが、鷹山の新しい気風を歓迎する藩士も多く、これで藩士たちの心をつかんで改革を推し進めていったのだが……。

☞ **上杉鷹山が改革成功を決定付けた「その前」は……？**

before 守旧派に対して、断固たる処置を下す

改革には、守旧派の抵抗がつきものだ。鷹山が推し進める倹約令に対して、早速江戸家老の須田満主《すだみつだけ》、奉行の千坂高敦《ちさかたかあつ》ら七人の重臣たちが異を唱えた。

安永《あんえい》二年（一七七三）の六月、七人の反対派は、鷹山に面謁。倹約令の停止を願い出た。願い出たというよりも強要である。

彼らは、倹約令を旧来の国風に合わず、それを推し進めることは秩序を乱すことになる、と難詰した。それは鷹山がわずか三万石の小大名の出で一五万石の格式を知らないからである、とまで言い放ったのである。

すると鷹山はその三日後、七人の重臣に切腹や隠居を命じる厳しい処罰を言い渡した。これを七家騒動《しちけそうどう》という。

この事件により、家中は革新を歓迎する改革派を中心としてまとまるようになり、鷹山はその後、新しい政策を次々に実行していく。

鷹山は藩の借金が三〇万両にも上ることを包み隠さず公開し、広く意見を求めた。その意見を参考にしながら四七カ条からなる改革のプランを作成し財政改革を本格化させる。

その最初が、改革に意見を求める上書箱の設置で、武士はもちろん庶民からも受け付けた。そのなかには養蚕を奨励する意見もあり、鷹山はこれに目をとめて桑の苗木を無料配布して農民の生産意欲を高め、養蚕事業を軌道に乗せた。こうした数々の取り組みが実り、改革は成功。文政五年（一八二二）に鷹山が亡くなる頃には、三〇万両あった借金のほとんどを返済していた。

武《たけ》田《だ》信《しん》玄《げん》

甲斐の虎が持つ黒歴史
父に嫌われ、うつけ者を装ってしのいだ苦節の時代

after 「甲斐の虎」として近隣に恐れられる

武田信玄は、戦国時代を代表する武将のひとり。「風林火山」の旗を翻した信玄率いる武田軍は戦国最強の呼び声高く、「甲斐《かい》の虎」と称されていた。人の性格を見極めるのに長けていたといわれる信玄は、武将それぞれの性質の弱点を補い合う組み合わせで軍団組織をつくり上げていった。

信玄が優れていたのは、武将としての裁量だけではない。経済を発展させるために金山を開発したり、たびたび氾濫していた甲斐国内の河川を整備して、釜無川に「信玄堤《しんげんづつみ》」と呼ばれる堤防を築くなどの治水事業を行なったり、城下町や交通網を整備するなど、内政面でも優れた手腕を発揮。甲府を全国有数の都市に発展させていった。

こうして信玄は、戦国時代を代表する名将として名を馳《は》せ、領民からも強い信頼を集める優れた統治者として現代に名を残している。

before 頭の良い息子に父・信虎は嫉妬していた!?

甲斐統一を成し遂げた武田信虎《のぶとら》の嫡男として生まれた信玄は、弟の信繁《のぶしげ》とともに、利発で、武芸にも秀でた少年だった。ところが、なぜか父親の信虎は信玄を嫌い、ことごとく信玄の言動にケチをつけ、弟の信繁ばかりを大切にしていた。

そうしたなか、信玄が一三歳の時にちょっとした事件が起きた。信玄は信虎の秘蔵の馬の「鬼鹿毛《おにかげ》」が欲しくて、信虎に申し出た。これに対し信虎は、「来年は元服だから、その時に武田家重代の宝物類とともにお前に譲るから、それまで待て」と返事した。しかし、信玄は、「今から乗る練習をして、父上が出陣する際のお供をして、役に立ちたいのです」と、不服を申し立てた。すると、信虎はその小賢しさに激怒し、「嫌なら信繁に家督《かとく》を譲り、お前を追放する！」と怒鳴ったのだ。

それ以後も、信虎の信玄に対する接し方は、悪くなる一方で、全く親としての情が感じられないものとなっていく。一方で信虎は、ひたすら次男の信繁ばかりを溺愛した。

信虎がなぜここまで信玄を嫌ったのかははっきりしない。ただ、信玄は信虎に似たところがほとんどなかったという。しかも、信虎は一四歳で家督を継ぎ、学問を学ぶ暇もなかったのに、信玄は学問が好きで、頭が良く、弁も立った。そのため信虎は、信玄の理屈にやり込められることも多かったというのだ。そうした日々を過ごすうち、信虎はいつしか信玄を忌み嫌うようになったのではないかとされている。

そうした状況のなか、家臣たちは、跡目を継ぐのは信玄ではなく信繁ではないかと考えるようになり、信虎に嫌われている信玄を見限るようになっていったのだ。

利発な少年だった信玄は、その空気を敏感に察し、このままでは自分に将来はないと考えるようになった。そこで、わざとうつけ者を装ったのだ。

青年期の信玄を苦しめた父・信虎。帰国後に信玄の弟・信廉が描いたとされる。

しかし、そうしたところで信虎との仲は改善せず、一六歳の初陣で大きな手柄を立てても褒めてもらうどころか、因縁のような理由で叱られたり、元旦の祝宴の際に、次男に先に盃を与えられるなど、信玄にとっては屈辱とも思えることが続いた。

そのようなことから信玄はつい

に逆襲に出た。

駿府《すんぷ》の今川義元《いまがわよしもと》の元に、今川家に嫁いだ娘の定恵院《じょうけいいん》と孫の氏真《うじざね》を訪ねるお忍びの旅に出かけた信虎を、そのまま追放してしまったのである。ただしこの謀略は信玄ひとりの手によるものではなく、家臣の協力もあったようだ。当時の信虎は出兵を度重ねており、重臣のなかには厭戦《えんせん》気分が高まっていた。しかも、信虎は無道な領主ぶりが目立ち、領民も大いに苦しめられていたのだ。重臣が意見しようものなら、たちまち斬り捨てられる、といった有様だった。

もともと武田の家臣たちには「長男を世継ぎに」という意識が非常に強かった。しかも、信玄が実はうつけ者ではなく、聡明な切れ者であることに気づいている家臣も少なからずいた。そうした重臣の間では、信虎に隠居させ、信玄を立てようという空気が高まっていたのだ。つまり信玄のクーデターは、重臣たちと共謀して行なわれたものだったのである。

こうして、信虎は、駿河からの帰途、国境で信玄配下の足軽隊に行方を阻まれ、甲府に戻ることはなかった。止むなく信虎は、駿河に引き返し、今川の食客としてその後の人生を送ることになる。今川義元が「桶狭間《おけはざま》の戦い」で敗死した際には、駿府に居ずらくなり、信玄に甲府に帰りたいと申し出たが、信玄は首を縦に振ることはなく、結局信虎は永禄《えいろく》八年（一五六五）になって、やっと武田領の信州の高遠《たかとお》に入ることを許されている。

大久保利通《おおくぼとしみち》

努力が高じて名人の域に……主君の島津久光に近づく目的で始めた囲碁の趣味

after 西郷隆盛と決別して明治の実力者に

大久保利通は、薩摩藩《さつまはん》の中心人物として討幕を主導し、明治新政府では盟友西郷と袂《たもと》を分かちながらも、近代国家づくりに邁進《まいしん》した。明治政府に果たした役割は、西郷隆盛を陽とするなら、大久保は陰とするほどの（これは良い意味なのだが）人物だった。

動乱の幕末を起こしたのは西郷で、これをまとめたのは大久保……といった意味である。たしかに大久保は、西郷とともに倒幕・維新のいろいろな場面で活躍した。しかし、それはあくまでも西郷隆盛がいてのものだった。大久保が表舞台に立つのは、明治に入ってから。それは皮肉にも西郷と敵対するものとしてだった。

最初は西郷が唱える「征韓論《せいかんろん》」に対してである。明治に入って大久保は岩倉使節団の一員として訪欧するのだが、そこで大久保が見たのは、西欧の文化・文明の進みぶりだった。それに驚愕して帰国すると、西郷は後向きの「征韓論」を唱えていたことから、これに反対（西郷は下野《げや》する）。次いで西郷が故郷の不平士族を集めて挙兵（西南戦争）すると、政府軍を率いてこれを鎮圧する、といった具合である。そして、大久保は明治政府の実質的な実力者となっていくのだ。

大久保が歴史の表舞台に立つ「その前」は……？

before 囲碁で薩摩の権力者・島津久光に近づく

大久保は薩摩藩の下級武士で、しかも二〇歳のときに薩摩のお家騒動「お由羅《ゆら》騒動」に巻き込まれて、父が遠島。自分も謹慎処分を受けており、薩摩藩の中核に立つことができたのは、ある奇策によってだった。

幕政改革を推進していた藩主・斉彬《なりあきら》の死後、藩の実権は新藩主・忠義《ただよし》の父で、斉彬の異母弟にあたる久光《ひさみつ》が掌握した。利通はこの久光と提携しようと考えるが、下級武士と藩主の父が膝を割って話し合う機会などあるはずもない。

何とかして久光に近づく機会はないかと考えていたとき、大久保は、ふとしたことから久光の趣味が囲碁だと知る。しかも都合のよいことに久光の囲碁の相手は吉祥院《きっしょういん》の真海《しんかい》という人物で、その真海は同志である税所篤《さいしょあつし》の兄だとわかった。これは渡りに船と考えた大久保は、吉祥院に通って真海に囲碁を習い始めたのだ。

思惑通り、真海の口から久光に関する話題が上るようになる。真海から久光が読みたい本があり、それを探していると聞くと、大久保はその本を探し出し、真海を通して久光に差し出した。

このとき、本の間に自分の意見や尊王攘夷の志を同じくする仲間らの名簿をこっそり忍ばせるところが策士の大久保らしい。それを何度か繰り返すうちにやがて久光の目にとまり、碁にことよせて拝謁することができたのである。

そして久光に自分らの志を伝え、今は京都へ行って御所を守護することが急務であると京都政界への進出の必要性を熱心に説いた。ついに久光から「状況が変わったときは藩をあげて乗り出す覚悟である。有志の面々は誠忠をつくしてほしい」という「論書」が下されたのだ。この時、脱藩して京都での尊王攘夷運動に投じようとしていた薩摩藩士も多かったのだが、今は挙藩体制が必要と考えた大久保の果敢な行動によって「論書」が下りたことにより、脱藩を思いとどまった藩士も多かった。

こうして薩摩藩に尊王攘夷の志を抱くグループが形成されたのである。この後、大久保は勘定方小頭格《かんじょうがたこがしらかく》に任じられ、藩政中枢への道を歩み始める。彼の一派は精忠組《せいちゅうぐみ》と呼ばれるようになり、薩摩藩政における中心勢力なった。大久保も文久三年（一八六三）には側役に就任し、薩摩藩を指揮して尊王攘夷、さらに討幕運動へと導いていくのだ。

紫《むらさき》式《しき》部《ぶ》

『源氏物語』の作者が少女時代に早くも父親を落胆させた理由とは?

after 頭が良すぎて宮中で虐められたほどの紫式部

『源氏物語《げんじものがたり》』の作者の紫式部は、受領《ずりょう》階級という地方官廻りの中流貴族で漢学者の藤原為時《ふじわらのためとき》の娘として生まれた。生年は天禄《てんろく》元年(九七〇)、天延《てんえん》元年(九七三)ともいわれるが定かではない。母親は紫式部が幼い頃に亡くなり、父親に育てられたと伝わる。

紫式部は、二〇代半ばに藤原宣孝《のぶたか》と結婚して一女をもうけたが、かなりの年上だった夫は、結婚後わずか三年で急逝。『源氏物語』はこの頃から書き始めたと考えられている。

寛弘《かんこう》二年(一〇〇五)に、一条天皇の中宮彰子《ちゅうぐうしょうし》の女房として出仕することになった。これは、知性の高い女房を探していた彰子の父・藤原道長《みちなが》の要請に応じたものだったようだ。

紫式部は宮中に入った後も『源氏物語』を書き続け、やがて完成させるのだが、中宮に入った時点で、すでに『源氏物語』が好評を博していたので、彼女の名も知れ渡っていた。

☞**紫式部が『源氏物語』を書く「その前」は……?**

石山寺に伝わる紫式部が『源氏物語』を執筆したとされる間。

before 漢字の「二」も書けないフリをする

時は平安時代中期である。現代ならば才能のある女性は歓迎されるが、当時は、何か特別な才能を持つ女性は品がないとされていた。紫式部もそのことはよくわかっていて、『源氏物語』のなかで、光源氏に「女性は誰でも、何か表看板にするようなものをつくって打ち込んだりするのは、見よいものではありませんね」と言わせているぐらいである。

そうした風潮なので、紫式部は尊敬されるどころか、ほかの女房たちから妬《ねた》まれ、散々、悪口を言われたのだ。誰も声もかけてくれず、ついには実家に引き籠ってしまったほどだった。

とはいえ、才女の紫式部のこと。このまま引き下がるのもプライドが許さない。そこで彼女は、好かれるよう一計を案じた。職場復帰すると、教養をひたすら隠し、漢字の「一」の字すら書けないフリをするなど、何もわからないふりをし続けたのだ。おかげで周囲の評価がガラリと変わり、周囲から評判の良い女性になったという。

なお、紫式部は、その頭の良さから、幼い頃にも同じような体験をしていた。

紫式部の父親は、当時の代表的な漢学者だったので、家で弟の惟規《これのり》に対して、漢籍《かんせき》を教えていた。ところが、内容が非常に難しいので、惟規はなかなか覚えられない。ところが、その横で聞いていた紫式部は、あっさりとそれを覚えてしまうのだ。

本来なら「この娘は頭が良い」と喜ぶところだが、平安時代の場合はそうはいかない。学問の家を継ぐのは息子の惟規なのに、惟規は少しも覚えず、覚えるのは娘ばかりなのだから、落胆の方が大きかったようだ。そのため、父親が「この子が男の子だったらよかったのに……」と嘆いていたと、のちに紫式部は『紫式部日記』に書き記している。

『源氏物語』の面白さは、こうした利発さと教養の深さに裏打ちされていることは間違いないだろうが、それが父親に嘆かれ、宮中で嫌われることへと繋がってしまった。とはいえ、日記における書きようは誇らし気であり、内心は自分の芝居にだまされる周囲の女房たちを鼻で笑っていたのかもしれない。

伊《い》能《のう》忠《ただ》敬《たか》

正確無比の日本地図を作った大測量家は、若き日に妻から散々にいびられて……

after 隠居後に天文学の道へ

伊能忠敬は、近代的日本地図作成の基礎を築いた人物である。彼の測量によって作成された地図は、その名を『大日本沿海輿地全図《だいにほんえんかいよちぜんず》』といい、完成までに一七年という歳月を要した日本全土の実測地図である。現代の日本地図と照らし合わせてもほとんど差はない。

しかも測量に用いたのは自らの脚である。つまり、歩数によって距離を算出する方法。これは「復歩法《ふくほほう》」と称されるもので、右足と左足との二歩をひとつの単位としたもの。忠敬は、自分の復歩にわずかの狂いも生じないようにする猛訓練を重ねて、これを基準とした。そうしたのち蝦夷《えぞ》（北海道）に向かった。

当時、北方のロシアが南下を始めて蝦夷の地が危うくなり、幕府も慌てていた。そこへ忠敬が「蝦夷の測量及び地図を作らせて欲しい」と願い出てきたのだから、幕府にしてみれば渡りに船である。かくして幕府の許しを得た忠敬は蝦夷の測量に向かった。もちろん、方位盤や測量定分儀といった当時の最新の測量器具は持参したが、基本は自分の歩幅である。忠敬はその一方で、緯度の計算も忘れなかった。江戸から北上しながら毎夜空を見上げ北極星の位置を観測する——北極星が角度にして一度異なるのは何歩要するかを計算したのである。それは二八・二里（一一〇・七五キロ）だった。緯度だからその数値に90を掛け、さらに四倍すれば地球の大きさを算出することができる。

忠敬が自らの歩幅によって算出した子午線《しごせん》の長さは、三万九八七〇キロだから、これを今日の長さ（四万〇七〇〇キロ）と較べると、その差は八〇〇キロほどでしかない。歩幅によって観測した地球規模の数値による誤差としては、驚異的と言っていいだろう。かくして忠敬の測量は、蝦夷の測量を皮切りに発展し、全国沿岸測量へと向かったのである。

地図づくりの始まりは、忠敬五〇歳のとき。何とも遅いスタートだが、「その前」は……？

before

数学の才で恐妻のもと老舗を発展させた婿養子

忠敬が高齢になってから歩き始めたのには理由がある。忠敬は五〇歳まで下総国佐原村《さわら》（現・千葉県香取市佐原）の酒造家・伊能家の当主として商いに携わる商人だったのだ。

忠敬は延享《えんきょう》二年（一七四五）、上総小関村の漁師の子として生まれた。幼い頃から数学が大好きで、神童との評判が高かったという。一三歳の時に、常陸《ひたち》の僧に数学を学ぶと、

伊能忠敬が商人時代を過ごした佐原の街並み。

約半年で教えてくれているはずの僧を凌《しの》いでしまい、僧がもっと数学に長《た》けている師を紹介したという逸話も残っている。

忠敬の神童ぶりは評判になり、忠敬は一八歳で佐原村の伊能家に婿養子として迎えられた。伊能家は大地主で、酒造・米穀取引などを扱う商家でもあったことから、その数学的才能が見込まれてのことだった。

ところがこの結婚生活は、決して幸せとは言えなかった。ただでさえ婿養子は肩身が狭いのに、妻になった達《みち》という人物が猛妻で、忠敬を下僕扱いしたのである。食事は下女たちと一緒に厨房《ちゅうぼう》でとらされ、忠敬が仕事が終わったあと本を読もうとすると、いきなり行燈《あんどん》の灯を消された。「読書が好きな婿など、当家にはいりませぬ。祖父も前の夫も書が好きだったから伊能家は傾いた。以後、書を開くような真似をしたら容赦しませぬからね」と言い放たれる始末だった。

忠敬は文句も言わず、ひたすら働いた。しかも、持ち前の才能を発揮してみせたのだ。忠敬は、本業の酒造りに精を出す一方、江戸に薪炭問屋を開き、金融業も始めた。米の収穫をきちんと管理し、余った年貢米は農家に貸し、質として土地を受け取ることもした。

なお上方からも米も購入している。ただ米が不足していたからというわけではない。関東が凶作の時には、上方地方は比較的米が普通に取れるということを知っていた忠敬は、関東一円が凶作の際に、上方から米を買い付けて江戸市場に回して利益を得ることを考えたのだ。数学的才能だけでなく、気象にも市場にも通じていたことがわかる。こうした忠敬の才覚によって、傾きかけていた伊能家は立て直され、その後大いに発展していった。

彼が持っていたのは数学的才能だけではない。天明《てんめい》三年（一七八三）、浅間山《あさまやま》の噴火による降灰のために農作物が多大な被害を受け、さらに利根川の氾濫などもあって大飢饉《だいききん》に陥った際には、農民の救済に奔走し、同年、旗本津田《つだし》氏から苗字帯刀《たいとう》も許されている。忠敬は、商売人として成功しただけでなく、地位と名誉も獲得したのだ。

しかし、その大きな成功を、忠敬はあっさり手放して江戸に出、神秘に満ちた夜空を見上げるようになったのである。

福《ふく》沢《ざわ》諭《ゆ》吉《きち》

慶応義塾の創立者が勝海舟を生涯にわたり毛嫌いした因縁物語

after 勝海舟を糾弾した『瘠我慢の説』

東京の三田《みた》にメインキャンパスを置く名門私立大学・慶應義塾。この創設者は、『学問のすゝめ』など数々の著作を残して近代日本の教育に貢献した福沢諭吉である。一万円札の肖像に用いられていることから、その顔が多くの人に知られている有名人だ。

福沢は、中津藩《なかつはん》の下級武士の次男坊として生まれ、長崎で蘭学《らんがく》を学んだ。その後、大坂の適塾《てきじゅく》で学んだあと、中津藩の江戸屋敷で開かれていた蘭学塾で講師を勤めた。これが慶応義塾の前身となる。万延《まんえん》元年（一八六〇）、幕府が咸臨丸《かんりんまる》で使節をアメリカに送った際、咸臨丸の提督を務めた軍艦奉行の木村摂津守《せっつのかみ》の従者として参加し、帰国後は国際通として活躍。明治維新を迎えると、評論家、教育者として名を広めていく。

のち明治に入って、『学問のすゝめ』を著わし、その冒頭の「天は人の上に人を造らず、人の下に人を造らず」の書き出しの新奇さもあって、同書は空前のベストセラーとなった。

before

勝海舟を辛辣に批判する

福沢諭吉には、毛嫌いするほどの人物がいた。徳川幕府の重臣だったはずなのに、明治に入って言行そのものを急変させた勝海舟《かつかいしゅう》だ。福沢はその勝海舟を著書の『瘠我慢《やせがまん》の説《せつ》』のなかで、次のように書いている。

薩長兵を恐れてさっさと講和に奔走し、旧幕臣でありながら敵対視していた相手の新政府で恥じることなく名利の地位についたのは何とも情けない……といった具合。

なぜ福沢は、このように勝海舟を批判したのか。その裏には、若い頃の因縁があった。先にも書いたように、福沢諭吉は幕府の咸臨丸でアメリカへ渡っている。その咸臨丸で艦長を務めていたのが、のちに江戸城無血開城の立役者となる勝海舟である。

その勝海舟が人生においてもっとも誇りにしていたのが、咸臨丸の艦長として参加したことだったが、その艦長ぶりは、実はかなり情けないものだった。

日本人乗組員のみで初の太平洋横断を成功させると意気込んで乗船したものの、勝は船に弱く、出航するとたちまちひどい船酔いに襲われ、部屋に籠る有様。航海の指揮が執れるはずもなく、結局、万が一に備えて乗船していたアメリカ海軍士官、ジョン・ブルック大尉が代わって指揮を執り、ブルックが率いたアメリカ兵が操船の主力となったのだ。

　このとき勝海舟は、提督の木村が船を知らないとか、海軍を知らないなどと言って、ないがしろにしたうえ、挙句の果てに、船酔いに我慢できなくなり、「小舟を降ろせ！　国に帰る！」と駄々をこねたことが、ブルック大尉の「日記」に克明に描かれている。

渡米時に、サンフランシスコにてアメリカの少女テオドーラ・アリス・ショウとともに撮影した写真。

　木村の従者として咸臨丸に乗り込んでいた福沢は、そんな勝海舟の姿を見て失望し、その後、ずっと勝海舟に対する嫌悪と軽蔑《けいべつ》の念を抱いていたのである。

　福沢が軽蔑していた勝海舟が、明治維新後に旧幕臣サイドの唯一のヒーローとして世間に認められて人気を得ていくことを、福沢はよほど腹に据えかねたのだろう。太平洋の荒波は、二人の傑物の間に、大きな溝をつくってしまったようである。

板《いた》垣《がき》退《たい》助《すけ》

自由民権運動を推進した政治家は、本当は軍人になりたかった!?

after

「板垣死すとも自由は死せず」で有名な政治家

明治の政治家として著名な板垣退助は、藩閥政治に反対し、国民の政治参入を主張する自由民権運動を繰り広げたことで知られる。

板垣退助は、明治四年（一八七一）に新政府の参議《さんぎ》となったものの、明治六年（一八七三）、政争に敗れて西郷隆盛と共に下野した。翌年、同郷の後藤象二郎《ごとうしょうじろう》や、佐賀の江藤新平《えとうしんぺい》と愛国党を結党して自由民権運動を展開し、のち明治一四年（一八八一）年に自由党を結党した。その党首に就任した板垣が、遊説《ゆうぜい》中に暴漢に襲われ、重傷を負いながらも発した「板垣死すとも自由は死せず」という言葉は有名だ。

この事件が新聞で全国に報道されたことをきっかけに、板垣らが主張する自由民権運動は全国的に広がり、板垣は民衆から絶大な人気を得ることになった。自由党はその後解党したが、その人士を中核として立憲政友会《りっけんせいゆうかい》が生まれ、さらにその後を継ぐ自由党、そして

板垣退助の戊辰戦争

自由民主党へと繋がっていくことになったのである。

☞自由民権運動の旗手・板垣退助のギャップのありすぎる「その前」は……？

before

新政府軍を勝利に導いた立役者

板垣退助は、当時にあっては新時代の日本を代表する政治家といっていいだろう。しかし、じつは板垣退助という人物は、もともと政治家ではなく軍人だった。

天保八年（一八三七）に土佐藩馬廻役《うままわりやく》の家に生まれた板垣は、江戸で西洋軍学を学び、その後は土佐藩の兵制改革に携わり、迅衝隊《じんしょうたい》を結成した。

その軍人としての実力は、戊辰《ぼしん》戦争で発揮される。東征の際に東山道先鋒総督府参謀に任命された板垣は、主力の迅衝隊を率いて巧みに洋式戦術を用い、甲州勝沼《こうしゅうかつぬま》で近藤勇《こんどういさみ》率いる甲陽鎮撫隊《こうようちんぶたい》を撃破し、その後も宇都宮、日光、今市と転戦して次々と勝利を収めた。さらに、会津城下へ侵攻して、会津攻略に成功するなど、その武勲は、西郷隆盛に劣らないほど華々しいものだった。

当然、板垣はその戊辰戦争の武勲によって、新政府では軍務を司るそれなりの立場が与えられると思っていた。しかし、土佐藩出身の板垣には良いポストが与えられなかった。戊辰戦争での働きを考えれば、兵部省《ひょうぶしょう》で実権を握る兵部大輔《ひょうぶだいゆう》ぐらいにはなれても不思議ではなく、板垣本人もそう自負していた。ところが、初代兵部大輔となったのは長州藩出身の大村益次郎《おおむらますじろう》で、大村の暗殺後に兵部大輔を継いだのも、同じ長州の前原一誠《まえばらいっせい》だった。そして前原の失脚後、ようやく板垣の名前が挙がったが、これも長州からの横やりが入って兵部省内部の幹部たちが大反対。板垣の就任は立ち消えとなってしまったのである。

この状況に不満を抱いた板垣は、征韓論に情熱を傾けるようになって失脚したのち、自由民権運動を志していく。しかし板垣の経歴を知る山縣有朋《やまがたありとも》は、のちに「板垣は自由民権などやらずに、軍人の道を選べば元帥《げんすい》になれた器《うつわ》だ」と話してもいる。彼の軍人としての才能は、自他ともに認めるものだったようであり、もし軍人の道を選んでいれば、名将として後世に名を残していたかもしれない。

藤原道長《ふじわらのみちなが》

我が世の春を謳歌した藤原氏の氏長者は、試験官を監禁して手下を合格させたやくざ貴族だった！

after 三人の娘を后に

「この世をば　わが世とぞ思ふ　望月《もちづき》の　欠けたることも　なしと思へば（この世は自分〈道長〉のためにあるようなものだ　望月（満月）のように　何も足りないものはない）」の歌で有名な平安時代の貴族・藤原道長。娘三人を天皇の后にして権勢を一手に収めた摂関《せっかん》政治の代表的な人物である。

道長は摂政関白となった父兼家《かねいえ》と正室時姫《ときひめ》の間の三男として生まれた。兼家は娘の産んだ一条天皇が即位するとその摂政になり、藤原兼家一族の隆盛が始まった。道長はこれ以降、トントン拍子に昇進している。ただし年の順からいっても兄の道隆《みちたか》が父の跡をついで関白につく可能性が高く、道長はあくまでもその弟として脇役の人生を送るはずだった。

ところが長兄の道隆は娘の定子《ていし》を一条天皇の后に入れたものの、若くして亡くなり、次いで次兄も亡くなった。こうしてあれよあれよという間に道長のもとに藤原氏トップの座が転がり込んできたのである。その後右大臣、左大臣、長徳元年（九九五）に、天皇への奏上および宣下の文書を内見する内覧《ないらん》に任ぜられる一方、右大臣、ついで左大臣へと昇進し、政権のトップとなった。

もちろん道長も摂関政治を続けるために長女彰子《しょうし》を一条天皇の中宮とし、次女妍子《けんし》を三条天皇の中宮、三女威子《いし》を彰子の生んだ外孫の後一条《ごいちじょう》天皇の中宮に立てた。こうして娘三人を皇后に立てるという快挙を成し遂げた道長は栄華の頂点に立った。その時に詠んだのが冒頭の歌で、まさにわが世の春を謳歌したのだ。

藤原道長が栄華を極めるに至る「その前」は……？

before 試験官を拉致監禁!?

この道長は、『源氏物語』の主人公光源氏《ひかるげんじ》のモデルとも目される人物でもある。当然、上品で雅《みやび》な平安貴族かと思いきや、じつは若い頃はとんでもない乱暴者だった。藤原実資が著わした『小右記』という日記には、道長が起こした事件の数々が記される。

道長は権中納言《ごんちゅうなごん》の地位についた二三歳の時に世間を騒がし、宮中を揺るがす暴力事件を起こしている。

道長は懇意にしていた甘南備永資《かんなびのながすけ》が試験の出来が悪く、官人採用試験に通るのが難しいと知るや、採用試験を行なう式部省《しきぶしょう》に働きかけることにした。それは賄賂を贈って説得という穏やかなものではない。従者たちに命じて式部少輔《しきぶしょうゆう》の橘淑信《たちばなのよしのぶ》という貴族を拉致し、試験の点数を改ざんするよう脅したのだ。いきなり実力行使に出たのである。

しかも拉致する際に、淑信を自分の足で歩かせたことも世間を驚かせた。通常貴族の屋外での移動は牛車《ぎっしゃ》に乗って行なわれ、庶民がその姿を見ることはない。淑信は衆人環視のなかを歩かされるという最大の恥辱を受けたのである。

さすがに父の兼家から叱られたらしいが、道長は懲《こ》りなかったようだ。道長の乱暴は枚挙に暇《いとま》がなく、四八歳のときにはすでに権力の座についていたにもかかわらず、貴族の藤原方正《かたまさ》と紀忠道《きのただみち》のふたりを、妻の外出を準備する手際が悪いという些細なことで、自邸の小屋に監禁するという乱暴をも働いている。

また道長の命令により、祇園御霊会《ぎおんごりょうえ》の行列に参加していた散楽人《さんがくにん》たちが衣装をめちゃくちゃにされるほどの暴力を受けるなど、その横暴ぶりは庶民にも及んだ。さらに年をとってからも横暴さに拍車がかかり、自邸の隣に法成寺《ほうしょうじ》を建立する際、その資材として平安京の正門や重要な施設から岩石などを運び出させてもいる。さらに道筋にある民家を解体させ、その柱や壁板さえも略奪させたというから功徳《くどく》も何もあったものではない。

このような人物が、のちに「この世をば……」と詠じたのである。

藤《ふじ》原《わらの》定《さだ》家《いえ》

気に入らないやつはぶん殴る！　喧嘩上等の不良貴族だった幽玄歌人

after

「百人一首」の選者として知られる文化人

藤原定家は『新古今和歌集』の選者のひとりであり、『拾遺愚草《しゅういぐそう》』『百番自歌合《ひゃくばんのうたあい》』など数多くの歌書を残した中世初期を代表する歌人として知られている。現在では幽玄《ゆうげん》の歌人にして日記の『明月記《めいげつき》』の作者、「百人一首」の選者として有名だ。

鎌倉幕府三代将軍・源実朝《みなもとのさねとも》とも親密な交流を持ち、承元《しょうげん》三年（一二〇九）には、『近代秀歌』を贈り、また建保《けんぽう》元年（一二一三）には、相伝の『万葉集《まんようしゅう》』を献上している。

定家が紡ぎだした幽玄《ゆうげん》の歌風からは、優雅でたおやかな宮廷人の姿を想像しがちだろう。ところが定家は、歌風とは想像もできない過去を持っていた。

☞ **藤原定家の優雅でもなくたおやかでもなかった「その前」とは……？**

before

和歌をたしなむ暴れ者の不良貴族

藤原定家は二三歳の頃、殿上《でんじょう》で些細なことから自分をからかった年下の少将・源雅行《みなもとのまさゆき》に腹を立てて、脂燭《ししょく》（室内で用いるたいまつ）を手に取ると、雅行の顔を何度も殴りつけるという大立ち回りの暴挙に出ている。流血の惨事を起こした定家は謹慎を命じられた。これを心配した父の俊成《としなり》は、「年少者のことゆえ、どうかもうお許しいただきたい」と嘆願書を出し、後白河法皇の思し召しでようやく許されるという出来事があった。

藤原定家が百人一首を選定したとされる厭離庵。

そうした性格はのちになっても変わらなかった。四六歳の時には今度は二首を詠んで後鳥羽院《ごとばいん》の逆鱗《げきりん》に触れている。

この後鳥羽院は和歌に造詣が深く、定家の実力を買って『新古今和歌集』の選者に指名していた。その期待に応えて定家も選者の仕事と歌会などで活躍したが、やがて和歌に対する考え方の違いから後鳥羽院との仲が悪化し、『最勝四天王院障子和歌《さいしょうしてんのういんしょうしわか》』の選定によって決裂していた。そうしたなかで定家は、次の二首を詠んだ。

「さやかにも見るべき山は霞《かす》みつつわが身のほかも春の夜の月」

「道のべの野原の柳下もえぬあはれなげきのけぶりくらべに」

道のべのの歌は讒訴《ざんそ》によって憤死《ふんし》した菅原道真の歌を取り入れたもので、「下もえの煙」も宮廷周辺では敬遠される表現であった。どちらも賢臣である自分が鬱屈《うっくつ》した思いを抱えているという嘆きとも捉えられる歌で、後鳥羽院は定家の根底に、自分を遠ざける自分に対する悪口誹謗《あっこうひぼう》の心があると見抜いたのである。

激怒した後鳥羽院は定家に謹慎処分を下している。院の怒りは激しく、数ヵ月後の歌会にも後鳥羽院の命で定家は招かれなかった。翌年の承久《じょうきゅう》の乱に敗れた後鳥羽院が隠岐《おき》に流されたあとも、定家が許された形跡がないという。

順徳《じゅんとく》天皇はかえって定家に同情したというが、後鳥羽院はかつて定家に目をかけ、心が通じ合っていたからこそ、定家の心に潜む自分への反発を許せなかったのかもしれない。

定家とて後鳥羽院の怒りは予想できたはずだが、それでも詠まずにはいられなかった。そんな若年期より変わらぬ激情家の一面を伝える出来事でもある。

後藤《ごとう》又兵衛《またべえ》

「大坂夏の陣」に散った大坂五人衆のひとりは、二度も黒田家を出奔していた⁉

after 大名の座をあっさり捨てて浪人に

慶長《けいちょう》一九年（一六一四）一一月の「大坂冬の陣」、そして翌年の「大坂夏の陣」で、豊臣方として徳川の大軍と戦った武将のなかに、後藤又兵衛基次《もとつぐ》がいた。同じく大坂城に入っていた真田信繁《のぶしげ》（幸村）らとともに徳川家康を窮地に追い込む活躍を見せ、その活躍から「大坂五人衆」と呼ばれたうちのひとりに数えられている。戦国武将としての華々しい雄姿は、「摩利支天《まりしてん》の再来」とまで称された又兵衛だが、「夏の陣」における道明寺《どうみょうじ》の戦いで、伊達政宗《だてまさむね》の部隊と激突した際、鉄砲隊の一弾に胸を撃ち抜かれて果てた。五六歳だった。

後藤又兵衛は、播磨《はりま》国春日山城を本拠とする播磨後藤氏の一族として生まれた。西進する織田氏と、それを食い止めようとする毛利家との大勢力同士による争いのなか、反織田だった別所氏に呼応した後藤氏は、織田方に攻め寄せられて没落していった。又兵衛の父・基国《もとくに》は御着《ごちゃく》城の小寺氏を頼ったが早くに没してしまう。

その後は又兵衛は、幼くして父を失ったことを憐れんだ黒田官兵衛《くろだかんべえ》に引き取られ、官兵衛の嫡男《ちゃくなん》・長政《ながまさ》の遊び友達として育った。官兵衛は又兵衛を本当の息子のように可愛がったことから、又兵衛は官兵衛の実子だったたという説まで生まれたほどだ。

成長した又兵衛は、官兵衛およびその子長政の右腕として大いに働き、数々の戦で奮闘。「関ヶ原《せきがはら》の戦い」では徳川方として参戦し、大功を立てた黒田家が、筑前《ちくぜん》福岡五二万五〇〇〇石の国持大名になると、又兵衛も大隈《おおくま》城一万六〇〇〇石を拝領した。

しかしその後、又兵衛は主君・長政と対立し、大隈城主の立場を捨て出奔してしまう。黒田家と険悪だった隣国豊前《ぶぜん》の細川《ほそかわ》家と懇意にしていたことを長政に咎められたことが理由のようだ。以前より長政は、不遜な態度を示す又兵衛を目の上のたんこぶのように感じていたとか、又兵衛のほうも自分の息子が不遇に扱われたことに対して怒っており、そうした互いの鬱憤《うっぷん》が爆発したのだろう。

そして黒田家を出奔した又兵衛を、隣国の細川忠興《ただおき》が召し抱えようとしたのだが、長政からの抗議で成しえず、その後も池田輝政《いけだてるまさ》に仕えたものの、長政が再び横槍を入れたため、又兵衛は浪人となった。そして黒田家中の内情を知り尽くした又兵衛の仕官を妨害すべく長政から「奉公構《ほうこうがまえ》」の回状が回り、又兵衛はどこの大名にも召し抱えられず、浪人として過ごしているうちに大坂城へ入ることになる。

before 叔父の謀反に従って黒田家を出奔した又兵衛

幼少期から育った黒田家を出奔した又兵衛だが、じつは彼が出奔したのは、このときだけではない。武将として活躍する前にも、一度離れている。

又兵衛が二一歳頃のことである。官兵衛が荒木村重《あらきむらしげ》に捕らわれて黒田家が窮地に陥っていた頃、又兵衛の伯父である藤岡九兵衛《ふじおかきゅうべえ》が謀反《むほん》を企てて出奔してしまったのだ。このとき、一族だった又兵衛も共に黒田家を出てしまったのである。

その後、しばらく又兵衛は伯父と共に仙石秀久《せんごくひでひさ》のもとに身を寄せていたが、天正九年（一五八一）に再び黒田家に召し出される。このときにとくに又兵衛の召し寄せに執心したのが、ともに育ったといわれる長政だった。長政の父である官兵衛は「謀反人の一族なので、側近くで召し抱えることは無用」と長政に告げたが、長政は一旦、又兵衛を栗山利安に預けたものの、すぐに直臣として側近くに置いている。

幼馴染《おさななじみ》であり、兄弟同様に育ったふたり。長政はそんな又兵衛を、一度目の出奔のあとに召し寄せた。しかしそうした絆がありながら、再び袂《たもと》を分かち、大坂城で敵味方となって争うことになるとは、若いふたりは想像もしていなかったことだろう。

平賀源内《ひらがげんない》

少年の頃から器用さが際立っていた江戸が誇る大発明家

after 日本のダ・ヴィンチ

平賀源内は、江戸中期の博物学者。だがほかにも実業家や作家、画家、陶芸家、発明家など数多くの肩書で評されるほど幅広い分野で才能を発揮し、現代においては「日本のダ・ヴィンチ」という異名がつけられている。

電気の放電の様子を演じてみせた「エレキテル」で、人々の度肝《どぎも》を抜いたことは有名だが、それればかりか日本初の物産展を開催したり、金山や鉱山を開発したり、鉄の精錬や温度計、万歩計づくりも行なったほか、さらにはコピーライターとしても才能を発揮したことで知られている。うなぎ屋から業績不振を相談された源内が、「土用《どよう》の丑《うし》の日」のキャッチコピーを考え、現代に続く「日本の夏といえば鰻」という風習をつくり出したのだ。

芸術面でも長けていた源内は、『西洋婦人図』という日本で初めての油絵を描き、陶器を焼かせれば「源内焼」を創案。文才もあり、江戸戯曲の開祖といわれるほどだ。まさにマルチに活躍した日本のダ・ヴィンチといってもいいだろう。

☜この日本のダ・ヴィンチの「その前」とは……？

before 一二歳で初の発明をした天才少年

平賀源内の才能は、一体どこで花開いたのか。その経歴をさかのぼると、じつは幼い頃から才能を発揮していたことがわかる。

源内は、高松藩《たかまつはん》足軽・白石良房《しらいしよしふさ》の三男として誕生した。

生まれた年については諸説あるが、享保《きょうほう》一四年（一七二九）頃だとされている。身分が低く、生活が苦しい家に生まれた源内は、高松城主・松平家の重臣で、物頭《ものがしら》役の真田家でお茶坊主として働いていた。子どものお守りやお給仕などが仕事だったようだが、一二歳の頃には、彼の才能はすでに真田家の中で評判になっていたようだ。なにしろ、中国の『和漢三才図会《わかんさんさいずえ》』を暗記し、天地の理《ことわり》をそらんじたかと思うと、本草学《ほんぞうがく》の本を読み、名も知られていない野

木村默老著『戯作者考補遺』に掲載される、源内の死から65年後に描かれた肖像。

や山の木を集めて分類して名前を付けるなど、およそ一二歳の少年とは思えない才能を発揮していたからだ。渇いた紙をこすり合わせて、静電気を発生させ、雷の原理だとも言っていたそうなので、この時からすでにエレキテルを発明する下地も出来ていたようだ。

しかも、この当時、すでに源内は人生初の発明をしている。「お神酒《みき》天神」というからくり人形である。狩野《かのう》派の筆法で描かれた天神像を軸物仕立《じくものじたて》にし、その天神像の前に徳利を供えると、軸の裏で糸が引っ張られ、天神様の顔の裏側に赤い紙が降りてくるというもの。つまり、天神様がお酒で顔を赤くしたように見えるのだ。香川県さぬき市志度《しど》にある「平賀源内記念館」には、この「お神酒天神」の掛け軸が、今も飾られている。

その才能が認められた源内は、高松藩の三好というお抱え医師の元で本草学を学ぶことが許された。

二二歳で父が没し、兄もすでに失っていた源内は跡目を継ぎ、このタイミングで、苗字を先祖の平賀に改めている。その後、二四歳の時に藩命で長崎へ留学。三三歳で藩の許可がなくては諸国に出かけることができないのを不満とし、妹の夫に家督を譲って脱藩し、大坂、さらには江戸へと出たのである。

その後は、自由人として様々な才能を発揮した源内。その才能の片鱗は、少年時代から培われていたものだったといえよう。

北条政子《ほうじょうまさこ》

「承久の乱」で御家人たちを鼓舞した鎌倉幕府の尼将軍が、嫉妬に狂って起こした騒動とは？

after 頼朝の胸に飛び込む

鎌倉幕府を開いた源頼朝《みなもとのよりとも》の妻であり、夫亡き後は息子の頼家《よりいえ》や実朝《さねとも》の後見をして鎌倉幕府の基礎を固めた北条政子。後鳥羽上皇の朝廷が幕府に挑んだ「承久《じょうきゅう》の乱」では、動揺する御家人《ごけにん》らに対し、亡き頼朝の恩の深さを説いて結束を促し、勝利へと導いた尼将軍として知られている。

幕府のトップとして常に沈着冷静、実子の頼家が外戚《がいせき》の比企《ひき》氏と結んで北条氏から権力奪取を図った際には、非情に徹して頼家を退けるなどの辣腕《らつわん》ぶりを発揮している。

そもそも頼朝との結婚もロマンスにあふれたものだった。伊豆の豪族の家に生まれた政子は、伊豆に流されていた頼朝と恋仲になるが、平氏の流れをくむ政子の父・北条時政《ときまさ》は、二人を引き離そうと政子の縁談を決めてしまう。すると政子は雨の降る夜道を駆け抜け、頼朝の元に飛び込んだ。当時の女性としてはなかなか肝の据わった行動といえる。

これほど愛した夫を政子は生涯支え続け、時には夫の良き相談相手として、史上初の武家政権となる鎌倉幕府の確立を助けたのである。

北条政子が、尼将軍として君臨する「その前」は……?

before うわなり打ちを行なった政子

ただし夫・頼朝の方は政子だけを愛していたわけではなかった。

派手な女性関係で政子を何度か怒らせている。政子の怒りが爆発したのは寿永《じゅえい》元年（一一八二）、長男の頼家を生んだ直後だった。この頃、頼朝は伊豆にいた頃から馴染みの亀の前という女性を鎌倉へ呼び寄せて寵愛していたのである。

これを知った政子は激怒した。そして側近の牧三郎宗親《むねちか》に命じ、亀の前が住んでいる家をめちゃくちゃに打ち壊させたのである。一説によると火をかけたともいう。亀の前は、ほうほうの体で逃げ出すしかなかった。

だが今度は頼朝が怒った。宗親を呼び出し「内々に私に告げるべきではないか」と宗親の髻《もとどり》を切る報復に出た。ところがそれを知ると今度は政子の父、北条時政が憤り、伊豆に帰ってしまう。頼朝とて北条氏を怒らせて反乱でも起こされてはかなわない。慌てて北条時政に帰還を願う事態になった。些細な夫婦喧嘩が愛人宅の破壊を経て、反乱と政権崩壊の危機へとつながりかねないのだから、周囲は良い迷惑である。

ただし、この家を破壊するという行為は、政子がとりたてて乱暴だったと言うわけではない。

これは「うわなり打ち」という平安時代から存在する習俗もあった。うわなりとは後妻のこと。後妻に夫をとられた前妻が、従者たちを引き連れて後妻の家に行き、家を荒らして意趣返しをする習慣があった。政子の行為もこれに倣《なら》ったものだが、やはりここまで思い切ったことをする豪胆さがあったからこそ、尼将軍として幕府の頂点に君臨できたのかもしれない。

ただし頼朝もしぶとく、亀の前とはその後も続いたらしい。しかししばらくして亀の前の消息が途絶えていることから、やはり政子との間でもうひと騒動あったのかもしれない。

伊豆の国市の蛭ヶ小島公園に立つ流人時代の頼朝と北条政子の像。

徳《とく》川《がわ》慶《よし》喜《のぶ》

大政奉還を決断した徳川家最後の将軍が、幼少期に受けたスパルタ教育

徳川慶喜は、江戸時代の最後の将軍（第一五代）である。

慶喜は、水戸藩主徳川斉昭《なりあき》の第七子として天保《てんぽう》八年（一八三七）、江戸の小石川《こいしかわ》藩邸で生まれた。幼少の頃から聡明と評判だったが、もともと家督を継ぐ予定もなければ、まして将軍になる予定もなかった。当時は、嫡男以外は他家の養子に出されるのが通例で、慶喜もまた、将来はどこか他家の養子に出され、その家の跡継ぎとしての人生を送る予定だったのである。結果的に、その家が一橋《ひとつばし》家《け》であり、のちに将軍となるわけだが。


徳川慶喜が将軍となり、西郷隆盛や岩倉具視らの倒幕派と渡り合う「その前」は……？

before 就寝中までも厳しい教育を施される

慶喜は、幼い頃から、スパルタ教育ともいえる非常に厳しい教育を受けて育った。他家を継いでも、学問・武術など全ての面で恥ずかしくない人物に育て上げるためである。

慶喜が受けた教育の厳しさは、生半可なものではなかった。従来、水戸藩では、江戸の

藩邸で生まれた子どもを水戸へ送り、水戸の「慷慨激烈、進取に鋭」の気風を厳しく習わせる風習があった。父・斉昭はまだ一歳にもなっていない慶喜を水戸に送り出し、のちに一橋家に出るまでの一〇年間をここで過ごさせた。

水戸で慶喜の教育係になったのは、政治学・金沢《かなざわ》正志斎、文学・青山延光《あおやまのぶみつ》、砲術・福地《ふくち》広延《ひろのぶ》、弓術・佐野四郎左衛門、水府流水泳・雑賀《さいか》八次郎、馬術・久木直次郎の七人。錚々《そうそう》たる人物が、幼い慶喜を取り囲んで教育するのだから、慶喜にとってどれほど大変だったかは想像がつく。しかも、その日課が凄い。毎日起きて衣服を着るやいなや、四書五経の復読から始まり、侍臣がチェックし、誤読があれば訂正する。終わると朝食となり、その後は午前一〇時まで習字、習字が終わると、藩校の弘道館《こうどうかん》で素読の口授を受け、正午に昼食、午後は再び習字、復読、さらに水泳、馬術などの教練があるといった具合だ。幼い子どもなのに、遊べるのは、夕方のわずかな時間だけというハードスケジュールである。

さらに、寝るときもスパルタ教育は続く。なんと、布団に入ると身体の両側に剃刀の刃が突き立てられていたのだ。これは、寝相を良くするための鍛錬《たんれん》だったという。この時の感想を、慶喜は「自分が寝入れば、侍女たちが剃刀を取り除いてくれるはずだと読んでいたが、さすがに刃の間に寝るのは心地よくなく、自然に寝相も正しくなった」と述べていたと、『徳川慶喜公伝』（渋沢栄一著）に記している。

住友政友《すみともまさとも》

住友グループの祖、今もグループ企業に影響を与える意外な前身の思想とは?

数多くの関連企業を傘下に収める住友グループは、日本を代表する旧財閥のひとつである。創業は一七世紀の初め。住友政友が京都で「富士屋」の屋号で、当時の最先端だった薬屋と本屋(出版業)を開業したのが創始である。取り扱った薬は万能薬として人気だった「反魂丹《はんごんたん》」。出版業では『往生要集《おうじょうようじゅう》』、『御成敗式目《ごせいばいしきもく》』などを発行している。

この富士屋は姉の子である友以《ともい》へと受け継がれる。この友以の父・蘇我理右衛門《そがりえもん》は、銅の精錬と細工技術を持ち、粗銅《そどう》から銀を取り出す「南蛮吹き《なんばんぶき》」という技術を開発した人物だった。理右衛門は泉屋《いずみや》を掲げており、その跡を継いでいた友以が政友の娘と結婚し、住友の家に入ったことから住友家は銅精錬業も手がけるようになった。友以は貿易や両替商としても成功し、別子銅山の経営権も手に入れ富士屋を豪商へと育て上げたのである。

☞ **住友家の祖となった住友政友の「その前」とは!?**

before

大商人への転進劇

政友は武家の次男として越前で生まれたが、父は浪人となり少年時代に母に連れられて京都で暮らしていた。

そうしたある日、政友は説法の席で僧侶から「過去世より師弟の契約があるのでもらい受けたい」と言われ、この僧に弟子入りする。それは当時の新興宗派であった涅槃宗《ねはんしゅう》の祖・空源《くうげん》だった。政友少年はこの空源に帰依して空禅《くうぜん》と名づけられた。

空禅こと政友は修行に励んでいたが、元和《げんな》三年（一六一七）、涅槃宗は他宗派からの排撃に遭って幕府から解散を命じられてしまう。政友はこれに納得せず、「員外沙門《いんがいしゃもん》」（定員の外、沙門は僧侶）と称し、僧籍を離れて俗人となり、富士屋を開いたのである。

政友は生涯を通じて元僧侶であり、精神的には仏教的であることを誇りにしていた。そのため倫理的な心がけを大切にしていた。政友が仕事に取り組む心得として「文殊院旨意《もんじゅいんしゅい》書《しょ》」を残し、これが以後の住友の事業精神の基本となった。そこには「掛商《かけあきな》いはするな」「他人の仲介・保証はするな」といった具体的な内容から、「どんなことでも相手のことを思いやり、心を込めること」、最後には「短気を起こし声高《こわだか》に争うことはせず、繰り返し丁寧に説明すること」と、どの時代にも通じる教えを残している。

その教えが今も住友グループに受け継がれ、「浮利を追わず」という家訓を大切にしている。結束の住友として知られるのも政友の家訓が受け継がれているためだろう。

坂《さか》崎《ざき》直《なお》盛《もり》

カッとする性格は昔から？
徳川家に仕える前も、
主家から飛び出して名前を変えていた！

after 大坂城から千姫を助け出す

坂崎直盛といえば、「大坂夏の陣」で、落城寸前の大坂城から脱出した徳川家康の孫娘・千姫《せんひめ》を救出するという活躍を残したものの、その後とんでもない最期を迎えた武将として有名だ。

直盛は火中から千姫を救い出し、喜んだ家康から千姫の婿を世話してほしいと頼まれたため、張り切って再婚先を探し、話をまとめた。ところが間もなく、その千姫が桑名《くわな》城主の本多忠刻《ほんだただとき》に嫁ぐことになったと知り、激怒。本来はぐっとこらえるところであるが、あろうことか直盛は千姫の行列を襲撃し、千姫奪取に失敗すると津和野藩《つわのはん》邸に立て籠ったのである。幕府に包囲され最後は切腹したとも、家臣に殺害されたとも言われる。まさに直情径行な人物であった。

☞ **この坂崎直盛の意外な「その前」とは……？**

before

新参者を殺して遁走した過去

じつはこの坂崎直盛。もとは備前《びぜん》の戦国大名・宇喜多《うきた》家の血筋である。梟雄《きょうゆう》として名高い宇喜多直家《なおいえ》の弟の子で詮家《あきいえ》と名乗り、二万四〇七九石を領する重臣だった。

しかし直家の子・秀家は、より専制的な支配を強めようとしたのだろう。詮家のような古参の重臣を遠ざけ、新参者を重用するようになった。そのため重臣と新参家臣との間に溝が生まれるようになっていく。

新参者の台頭に反発した直盛は慶長《けいちょう》四年（一五九九）、旧臣らと図って新参組のひとり中村次郎兵衛を殺害するや、そのまま宇喜多家を出奔したのである。

坂崎直盛（宇喜多詮家）の肖像。

こうして主家を捨てた直盛は、その後前田玄以《まえだげんい》の仲立ちで家康に仕え、家康の上杉景勝攻めに従っている。「関ヶ原の戦い」では東軍について戦功をあげ、石見国《いわみのくに》津和野二万石を与えられた。坂崎姓に改めたのはこのときのこと。家康が宇喜多姓を嫌ったからだとされている。

こうしてせっかく家康に取り立てられたのだが、直盛の直情的な性格はやはりおさまらない。この直後またひと騒動起こしているのだ。

宇和島藩主で直盛の縁戚にあたる富田信高《とみたのぶたか》が、自分が追っていた罪人で甥の浮田左門《うきたさもん》をかくまったことに怒り、家康に訴え出たのである。直盛が左門に執心したのは、左門が直盛の男色の相手で、その色恋のもつれから左門が家中で人を斬って遁走したからだといわれている。

左門はその後、富田家の仲立ちで九州に逃れたとされるが、直盛は執拗《しつよう》に八年間も左門を追いまわした。

最終的には家康と秀忠の前で富田信高と対決し、直盛がこれに勝利したため、信高は改易となって奥羽へ流され、左門も獄死《ごくし》したと伝えられる。

直情径行の性格に加え、執念深いというはた迷惑な人物である。しかし、その激しい性格がついには自分も追い込んでしまったのである。

第四章

定説崩壊!? 教科書には記されない意外な出自伝説

徳川吉宗
北条早雲
斎藤道三
平清盛
保科正之
藤原不比等
一休宗純
豊臣秀頼
天草四郎
豊臣秀吉
山本勘助

徳《とく》川《がわ》吉《よし》宗《むね》

ライバルが次々に都合よく死亡！将軍になるまでの経緯に隠された黒い噂とは？

after 四男坊が異例の大出世

「江戸時代における名君は？」と問われた時、江戸幕府八代将軍・徳川吉宗の名を挙げる人も多いだろう。

紀州藩主として財政改革に取り組み、将軍となってからも幕府の政治改革や財政再建に加え、目安箱《めやすばこ》の設置や小石川養生所《こいしかわようじょうしょ》の設立など、民衆のための政策を行ない、その優れた政治手腕から江戸幕府中興の祖といわれる人物だ。現代においても、時代劇の主人公として人気を博していることから、正義感の強いイメージを持つ人も多い。

☞ **暴れん坊将軍の「その前」は……？**

before 都合のよすぎる死の連鎖で将軍職を得る

吉宗は、紀州の第二代藩主、徳川光貞《みつさだ》の四男として誕生した。次男の次郎吉は早世したが、長男の綱教《つなのり》と三男の頼職《よりもと》が上にいたため、吉宗の家督《かとく》継承順位は三番目だった。

そのようなことから、隠居を決めた光貞が後継者に指名したのは、長兄の綱教だった。しかし、宝永《ほうえい》七年（一七〇五）五月に綱教が逝去してしまう。次いで急遽家督を相続した三男の頼職が、九月に突然死を遂げる。じつは綱教の死後、八月には父・光貞も逝去していた。江戸参勤中に父の不幸を聞いた頼職は、飛ぶように和歌山城へ帰った。だが急な家督相続に加え、父の危篤、葬儀などの取り込みで体力の限界に達し、九月に突然死したのである。

こうして二人の兄と父の相次ぐ死を受けて、家督継承の三番手にいた吉宗が急遽繰り上がり、同年一二月、二二歳で第五代紀州藩主となっている。

吉宗の次なる転機は、正徳《しょうとく》六年（一七一六）四月、まだ齢八歳の七代将軍家継《いえつぐ》が危篤となったことに始まる。

この幼君は元々病弱で、六代将軍・家宣《いえのぶ》は、正徳《しょうとく》二年（一七一二）に世を去る前に、幼い我が子の行く末を案じて遺言を遺していた。そのなかでは御三家《ごさんけ》に宛てて、家継の万一の時には、尾張藩主・徳川吉通《よしみち》の嫡子である五郎太《ごろうた》か、吉宗の子の長福丸《ながとみまる》を養子として迎え入れ、吉通か吉宗が後見を務めるよう記されていた。だが家宣はそれ以前から、継嗣《けいし》に吉通を指名していたこともあり、家継が逝去した際には、尾張徳川家が将軍家を継ぐことが有力視されていた。

ところが家継が危篤に陥る前の正徳三年（一七一三）に、吉通は二五歳の若さで不審な死を遂げている。まんじゅうを食べた後に吐血して、そのまま悶死《もんし》したのである。明らかな毒殺だ。さらにその後、三歳で尾張藩主となった嫡子・五郎太《ごろうた》も、わずか二カ月で世を去っている。こうして尾張徳川家の嫡流は絶え、家継の後見人は吉宗ただ一人となった。

ライバルが減っていくなか、吉宗は確実に将軍の座を得るべく幕府中枢で裏工作を行なっていく。

当時は、家宣の正室の天英院《てんえいいん》と家継の母である月光院《げっこういん》という大奥の争いが熾烈を極めていた。そこに目をつけた吉宗は、月光院の支持を得る一方で、ライバルの天英院の実家である近衛家を味方に引き入れ、反対勢力の切り崩しに成功。そして享保《きょうほう》元年（一七一六）に八代将軍に擁立されたのである。

吉宗の出世にまつわるライバルの死を見ていくと、背筋が寒くなるのはそのタイミングのよさだ。当時も、頼職の死後や尾張家嫡流の不幸の直後に、それらが吉宗によるものという噂が囁かれていた。吉宗は、紀州藩主時代から隠密《おんみつ》を使っており、吉通死去の時期には、紀州の隠密が名古屋城下をうろついていたという報告もある。そうした者たちに暗殺を実行させていたとしたら……。当時の噂は、真実を語っているのかもしれない。

北条早雲《ほうじょうそううん》

下剋上を象徴する人物は、実は浪人ではなく室町幕府に仕える名族の出身だった！

after

関東に基盤を築いた北条氏の初代

下剋上《げこくじょう》――。それは身分にとらわれず、下位の者が上位の者を押しのけて権力を握ることとされている。その下剋上を成し遂げた典型的な人物として知られているのが、室町時代から乱世へと突入する頃に歴史の表舞台に登場した北条早雲だ。

早雲は、伊勢《いせ》で生まれた無名の素浪人《すろうにん》であったが、妹が駿河《するが》国守護《しゅご》の今川氏の側室《そくしつ》となったことから、今川氏の配下になる。その後、実力で伊豆《いず》、さらに相模《さがみ》を手中に収めて戦国北条氏の礎を築き上げたとされてきた。

下剋上のシンボル北条早雲の「その前」は……？

before

下剋上シンボルの正体は、室町幕府のエリート官僚

ところがこの国盗り物語、現在判明している事実とはだいぶ異なっている。早雲は、素

浪人などとは程遠い、室町幕府のエリート官僚だったのだ。
『太閤記《たいこうき》』や『今川記』によれば、北条早雲の本名は、伊勢新九郎盛時《いせしんくろうもりとき》という。この伊勢一族は、室町幕府のなかで政所執事《まんどころしつじ》という官房長官のような中心的役職を務めていた。早雲は備中伊勢家の分家筋にあたるが、父の伊勢盛定《もりさだ》が、八代将軍の足利義政《よしまさ》に仕える本家・政所執事の伊勢貞親《さだちか》の補佐役として、申次衆《もうしつぎしゅう》という役職についていた。申次衆は、公家や大名などからの連絡を将軍に取り次ぐ首相秘書官のような役割を担っていた。

盛定は先代の本家・政所執事の伊勢貞国《さだくに》から娘、すなわち貞親の妹にあたる女性を妻に迎えている。そして二人の間に生まれたのが、盛時、すなわち早雲である。つまり早雲は、室町幕府の中枢を担う伊勢氏本家の血筋も受け継いでいるのだ。早雲も文明《ぶんめい》一五年（一四八三）に、九代将軍義尚《よしひさ》の申次衆となっており、まごうことないエリート官僚なのである。

早雲が初めて駿河に赴いたのは、長享《ちょうきょう》元年（一四八七）、三二歳の時だった。

理由は、今川家の家督争いの渦中にあった、姉・北川殿《きたがわどの》の息子、つまり自身の甥にあたる龍王丸（のちの氏親《うじちか》）を助けるためだった。氏親は足利義政から、家督継承者であることを認める書付を得ていた。しかし、父・義忠が死去した文明八年（一四七六）以降も、今川当主の座には、縁戚の小鹿新五郎範満《おしかしんごろうのりみつ》が居座っている。足利家御一家衆として駿河を守る今川家の後継問題は、威信回復に力を入れる幕府としても見過ごすことができない。

そのため、氏親の縁者である早雲が範満を討伐することになったのだ。

そして駿河に下向した早雲は、幕府権力を背景に国衆らを味方につけ、範満を駿府館に追い詰めて討ち取ることに成功する。早雲は、興国寺城《こうこくじじょう》を本拠とする富士下方十二郷の領土を恩賞として受け取り、関東進出への足掛かりを得た。そして明応《めいおう》二年（一四九三）には、堀越公方《ほりごえくぼう》・足利政知《あしかがまさとも》の後継者である茶々丸《ちゃちゃまる》を打ち破って、伊豆を奪うのである。

関東の足利一族と争った早雲は、下剋上を成すべく己の野心の赴くままに、ついに幕府権力に反旗を翻したのであろうか。だがここにも通説とは違った事情がある。

堀越公方・足利政知には、側室が産んだ長男・茶々丸と、正室が生んだ次男・潤童子《じゅんどうじ》、三男・清晃がいた。政知は、将軍候補となって京にいる潤童子の代わりに、清晃を自身の後継者として指名していた。しかし政知が死去した延徳三年（一四九一）、茶々丸が正室と清晃を暗殺して堀越御所の実権を握った。

その二年後に早雲は伊豆へ侵攻するが、その年に次男の潤童子は一一代将軍足利義澄《よしずみ》となっている。この事実から、伊豆侵攻の動機は、将軍義澄の母と兄の仇討ちだと考えられるのである。つまり早雲の個人的な野望ではなく、将軍の意向に沿った行動だったのだ。

実際に戦国大名となったことから、武将としての才能と野心が皆無であったとは思えないが、伝説とはギャップのある前歴であることは否めない。

斎《さい》藤《とう》道《どう》三《さん》

覆された国盗り伝説！
下剋上は親子二代による業績だった！

after 乱世に紛れて誤解されていた真実

「美濃《みの》を制する者は天下を制す」という言葉がある。京都にも近く東西の交通の要衝で肥沃な美濃国。この地を舞台に、暗殺や主人の追放など権謀術数によって下剋上を成したのが、〝蝮《まむし》〟の異名で怖れられた斎藤道三である。

油売りから名を改めること十数回、主家・長井家を乗っ取り、美濃国守護の土岐《とき》氏を追放してついには美濃一国を統べるも、嫡子・義龍《よしたつ》と刃を交えて散るという壮絶な最期を遂げており、その人生は伝説に彩られている。

☞ この〝国盗り物語〟で知られる斎藤道三の「その前」は……？

before 父子二代にわたる〝国盗り物語〟

〝梟雄《きょうゆう》〟と呼ぶにふさわしい道三のイメージは、江戸時代の書物をもとにして伝えられて

斎藤道三が稲葉山城として基礎を築いた岐阜城。

きた。ところが昭和四八年（一九七三）の『岐阜県史・史料編』で初めて一般に紹介された、春日倬一郎氏所蔵の「六角承禎《ろっかくじょうてい》条書写《じょうしょうつし》」のなかで新たな事実が判明した。これまで道三の人生とされていた前半部分は、道三の父の物語だったというのだ。

と言うことは、今日伝えられている斎藤道三の前歴は、斎藤道三の父の事跡ということになる。その道三の父を『春日文書』『美濃国雑記』などの史料をもとにまとめた横山住雄氏の『斎藤道三と義龍・龍興――戦国美濃の下剋上』に従って追ってみる。

道三の父は北面の武士・松波左近将監《まつなみさこんしょうげん》藤《ふじ》原基宗《わらのもとむね》の子だったという。北面の武士とは、京都御所の北側入口を警備していた武士のことである。一二歳で京都の日蓮宗寺院・

妙覚寺《みょうがくじ》に入り、法華房《ほっけぼう》と名乗って修行していたが、二〇歳のときに還俗《げんぞく》した。法華房は、元の姓に戻って松波庄五郎《しょうごろう》と名乗り、灯油を商う奈良屋《ならや》の娘婿となると、油を売りながら諸国を回る行商人となった。

庄五郎が商いの地として向かったのは、僧侶時代に親しくしていた同僚の南陽房《なんようぼう》の生国、美濃である。南陽房の口利《くちき》きで訪れたこの地は、「応仁《おうにん》の乱」で西軍の山名氏に加担して以来、京都の足利将軍家と敵対関係にあり、京都との交流が少なかった。半ば都から閉ざされていた美濃において、南陽房との縁から、都との往来が簡単にできる庄五郎は灯油販売で独占的な利益を上げていく。

こののち美濃国守護土岐氏の守護代・斎藤氏の屋敷に出入りするようになった庄五郎は、斎藤氏の重臣である長井藤左衛門秀弘《ながいとうざえもんひでひろ》に仕官する。藤左衛門は、庄五郎が「乱舞音曲」に堪能であり、かつ知識量が豊富なことを大いに気に入り、家老の西村三郎左衛門の名跡を継がせた。行商人の庄五郎は「西村勘九郎《にしむらかんくろう》」という美濃の武士になったのである。

やがて勘九郎は、秀弘の家臣として武功を上げていく。明応五年（一四九六）の近江六角氏攻めで主君の秀弘を失ったものの、嫡子の長弘に従い、その後も功績を挙げ、ついに永正一五年（一五一八）に長井姓を与えられ、長井新左衛門尉《しんざえもんのじょう》を名乗るに至る。つまりここで長井氏の配下から同格となり、主家・斎藤氏の重臣となったのだ。

このように道三の父こと、長井新左衛門尉は、乱世において己で道を切り開いていったのである。その後、出世物語は息子の道三に引き継がれていく。のちの道三である長井新九郎が歴史上に登場するのは、新左衛門尉が没した天文二年（一五三三）のことである。

伝説のうちの前半生が父親であったとしても、何ら梟雄の名にそぐわぬことはない。

新九郎はまず、同年に父の主君であった長井長弘を暗殺し、長井家の総領を滅ぼす。そして天文五年（一五三六）には、美濃国守護の土岐政頼《まさより》の弟・頼芸《よりなり》のクーデターに加担して、政頼の拠る川手城を攻め落として政頼を追放。

そして頼芸のクーデターによって絶えた守護代・斎藤家の名跡を継ぎ、斎藤利政と名乗り、頼芸のもとで美濃の政治の実権を握ったのである。

しかしそれで満足する利政ではない。一国の主にならんと、天文一一年（一五四二）に主君の頼芸を追放して美濃一国を手に入れた。道三と名乗るのはこれからだ。

こののち追放したはずの土岐政頼・頼芸兄弟に改めて攻められると、頼芸の血を引くと噂される嫡子・斎藤義龍を利用して美濃の人望を集め、土岐兄弟を退けることに成功する。

だがその後、義龍を廃嫡して弟の喜平次《きへいじ》を国主にしようと企てて義龍と対立すると、美濃国の国衆のほとんどが義龍方についてしまう。主君である土岐氏から国を乗っ取り、その血縁と噂される息子を使い捨てようとした梟雄の、皮肉な散り様であった。

平《たいらの》清《きよ》盛《もり》

平家の棟梁が異例の出世を遂げた背景に隠された出生伝説……

after 異例のスピード出世を遂げた清盛

一二世紀後半、「平氏にあらずんば人にあらず」とまで言われるほどの勢力を築いた平家一門。その栄華は長くは続かなかったものの、安徳《あんとく》天皇の外祖父として権力の頂点に立った棟梁・平清盛の勢いは、かつての平氏の状況を考えると離れ業のようにも思える。

もともと平氏は桓武《かんむ》天皇の第五皇子である葛原《くずはら》親王の後胤の流れを汲む一族である。このうち「平将門の乱」の鎮圧にあたった平貞盛《たいらのさだもり》の子・惟衡《これひら》が、その功績から伊勢守となり、伊勢国で勢力を伸ばした。これが清盛の出自にあたる伊勢平氏である。

やがて同じ武家で摂関家を後ろ盾に武門の棟梁として君臨していた源氏をしのぎ、平氏が台頭していったのは院（上皇・法皇）に近づいたからである。

清盛の祖父にあたる正盛《まさもり》が白河法皇に取り入ることに成功して、院とのコネクションを構築しながら、中央政権で足場を固めたのだ。そして、清盛の父・忠盛《ただもり》が海賊討伐の功な

2つの清盛落胤説

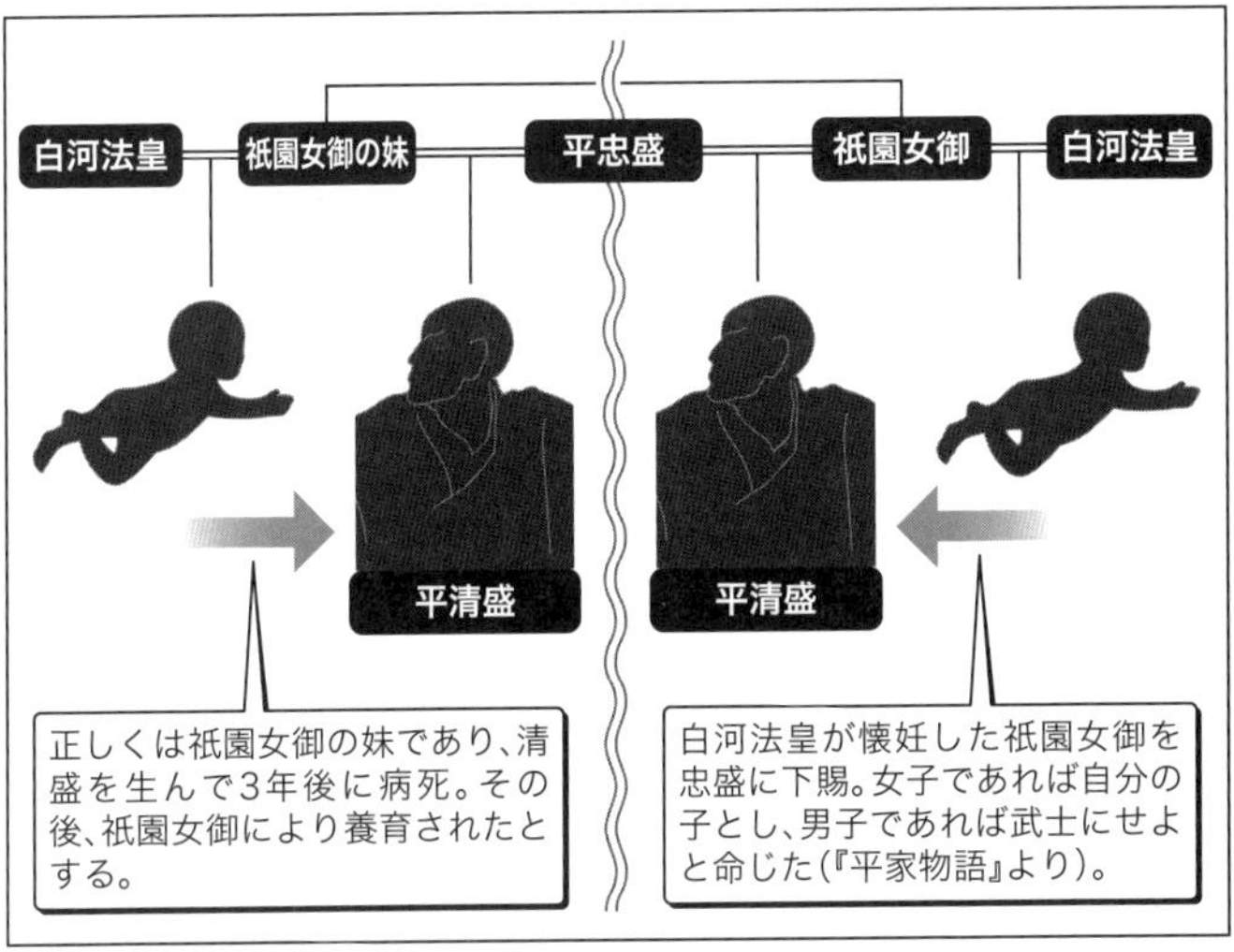
白河法皇
祇園女御の妹
平忠盛
祇園女御
白河法皇
平清盛
平清盛
正しくは祇園女御の妹であり、清盛を生んで3年後に病死。その後、祇園女御により養育されたとする。
白河法皇が懐妊した祇園女御を忠盛に下賜。女子であれば自分の子とし、男子であれば武士にせよと命じた(『平家物語』より)。

どによって、鳥羽《とば》上皇の篤い信任を得るに至る。清盛は、祖父や父によって築かれた地位や経済的基盤を引き継ぎ、優れた政治手腕によって中央政権で躍進を遂げていくのである。

☞ **平清盛のスピード出世の秘密を解く鍵となる「その前」は……？**

before

法皇の寵愛する女性をめぐる清盛出生の物語

なぜ清盛はこれほどまでのスピード出世を遂げることができたのか。その理由として、なんと清盛が白河法皇の御落胤《ごらくいん》だったという説がある。平家の栄枯盛衰《えいこせいすい》を伝える『平家物語』では、巻一「祇園精舎《ぎおんしょうじゃ》」で忠盛の嫡子として語られているが、一方で巻六「祇園女御」で「ある人の申しけるは」という前置きで、清盛の出生の秘密が語られている。それによれば、清盛は白河法皇が寵愛した祇園女御から生まれたとなっている。

ある雨の日、法皇が祇園女御のもとに向かう途中、前方に鬼のような影が現われた。法皇の護衛をしていた忠盛は、射殺を命じられても冷静に対処し、その正体が老僧と見破った。僧侶への誤射を防いだ忠盛の冷静さに感銘を受けた法皇は、忠盛に祇園女御を賜った。

じつは、その時すでに祇園女御は法皇の御子を身籠っていたのである。このことを知った法皇は、生まれた子が女子であれば法皇の子として育て、男子ならば忠盛の子、つまり武士の子として育てるように仰せになった。こうして生まれた男子が清盛で、清盛という名も、忠盛が白河法皇から賜った歌の一節「末の代に　きよくさかふる」に由来している

……というのだ。

しかし、明治期の歴史学者である星野恒は、清盛は白河法皇の御落胤だが、母親は祇園女御ではないとしている。『胡宮神社文書《このみや》』で、祇園女御の妹について「院に召されて懐妊の跡、刑部卿《ぎょうぶきょう》忠盛に之を賜い、忠盛の子息となし清盛と言う、仍て宮と号せず」という記述を根拠に、忠盛が賜った女性は祇園女御の妹であるという説を説いた。

どちらにせよ清盛が白河法皇の子であったとする説であることには変わりない。真実は定かではないが、このことは当時すでに公然の秘密となっていたようである。

保科正之《ほしなまさゆき》

徳川家綱の治世を支えた会津の名君を育てあげたのは、あの名将の娘だった！

after 会津藩初代藩主で、徳川幕府の基礎を築いた名君

初代会津藩主である保科正之は、江戸時代屈指の名君として知られている。というのも、領民たちを第一に思いやる人道主義の政治を行なったからだ。

飢饉《ききん》のときなどに貧民を救うための米倉を設けたり、藩内の高齢者には、身分を問わず、終生米を一人扶持《ぶち》与え続ける福祉制度（今日の年金制度の先駆けとされている）を設けたりするなど、「百姓は生きぬように、殺さぬように使え」という感覚が一般的だった時代において、慈愛に満ちた政治を行なった。

名君としての実力は、四代将軍・家綱《いえつな》の後見人となって、幕府の実質的なナンバー2となったときでも発揮された。家綱時代の三善政といわれる「末期養子《まつごようし》の禁《きん》の緩和」「殉死の禁止」「大名証人制度の廃止」は、すべて正之の提言である。江戸幕府の基盤は正之がつくり上げたと言っても過言ではない。

before 将軍の息子として生まれ、武田家の血筋に育てられた正之

保科正之には、出生の秘密がある。

じつは正之は、二代将軍・徳川秀忠《ひでただ》の実の息子なのだ。母親は、江戸城大奥に仕えていたお志津《しづ》（のちの浄光院《じょうこういん》）という女性で、その美しさから秀忠の寵愛を受け、子を身籠ったのである。

しかし、秀忠の正室であるお江は妾の存在を許さない猛妻だった。恐妻家の秀忠は、身籠ったお志津を、老中の土井利勝《どいとしかつ》に預けた。将軍の命を受けた土井利勝は、お志津を江戸城北の丸の田安門《たやすもん》内の比丘尼《びくに》屋敷へ預け、お志津はそこで慶長一六年（一六一一）に男児を産み、幸松丸《こうしょうまる》と名付けた。これがのちの正之である。

このとき二人を匿ったのは、見性院《けんしょういん》という女性である。なんとこの見性院は、武田信玄の次女なのだというから面白い。武田信玄の娘として生まれ、武田家の重臣である穴山梅雪《あなやまばいせつ》の正室となっていたが、武田勝頼《かつより》が自刃し、さらにその後、夫が「本能寺の変」後の混乱のなかで死去したために尼となり、家康から与えられた比丘尼屋敷に住んでいた。

比丘尼屋敷に母子を迎え入れた見性院は、幸松丸の姓を「武田」と定めている。徳川の

血を引く幸松丸によって、武田家を再興させようとしていたのである。五月の節句の日では、見性院は上に徳川家の葵《あおい》の紋、下に武田家の家紋・武田菱《たけだびし》をあしらった幟《のぼり》を立てたと伝わる。

一度、秀忠の庶子がいることに気付いたお江が「どうしてそんな埒《らち》もない者を預かるのか」と言ったところ、見性院は「恙《つつが》なく成人の後は武田の名字になし、我等に賜りし少《すこし》の知行も譲り、跡をも弔はんとの心組なり」と返している。

こうした事情で見性院のもとで育った幸松丸は、やがて七歳で保科家へ養子に出された。見性院は幸松丸に武田姓を与えていたが、武門の家の子としての躾《しつけ》や教育を受け始めるべき年齢に達したため、かつての武田家の忠実な家臣で、当時徳川家の家臣となっていた保科家に預けたのである。

徳川将軍家の血を継ぎ、武田家の血筋のもとで教育を受けた正之。彼が名君として行なった様々な政策は、武田信玄の影響が垣間見える。信玄は、孟子《もうし》が説いた〝民こそは国家の財産である〟とする民本主義に基づいて、信玄堤などで知られる治山治水政策や、自らをも律する「甲州法度之次第」の制定などを行なった。

信玄の娘や元家臣によって育てられた正之にも、信玄の王道思想が伝わっていたのかもしれない。

藤原不比等《ふじわらのふひと》

持統朝で活躍した政治家、抜擢の背景に秘められた出生秘話とは？

after 藤原鎌足の家に生まれた不比等

律令《りつりょう》国家とは、その名の通り、律令を統治の基本とする国家のことである。日本が律令国家としてのスタートを切ったのは七世紀半ばの飛鳥時代にさかのぼる。その礎となった「大宝律令《たいほうりつりょう》」の制定を主導したのが藤原不比等だ。

ほかにも「大宝律令」を改定した「養老律令《ようろうりつりょう》」の撰定にも携わっているほか、律令制度にふさわしい都を造るために藤原京から平城京への遷都《せんと》を行なうなど、不比等は古代国家の枠組みを築いた功労者である。こうした功績が、藤原氏台頭の端緒となり、その後の藤原氏の隆盛とそれらが密接にかかわる歴史につながる。

朝廷の公式の記録である『続日本紀《しょくにほんぎ》』などによると、藤原不比等は、大化《たいか》二年（六四六）に始まる「大化の改新」の中心人物であり、藤原氏の始祖でもある中臣鎌足《なかとみのかまたり》の子として誕生した。当時遣唐使とともに唐へ渡っていた定恵《じょうえ》（出家前は真人）に次ぐ第二子だ。

藤原不比等をめぐる落胤説

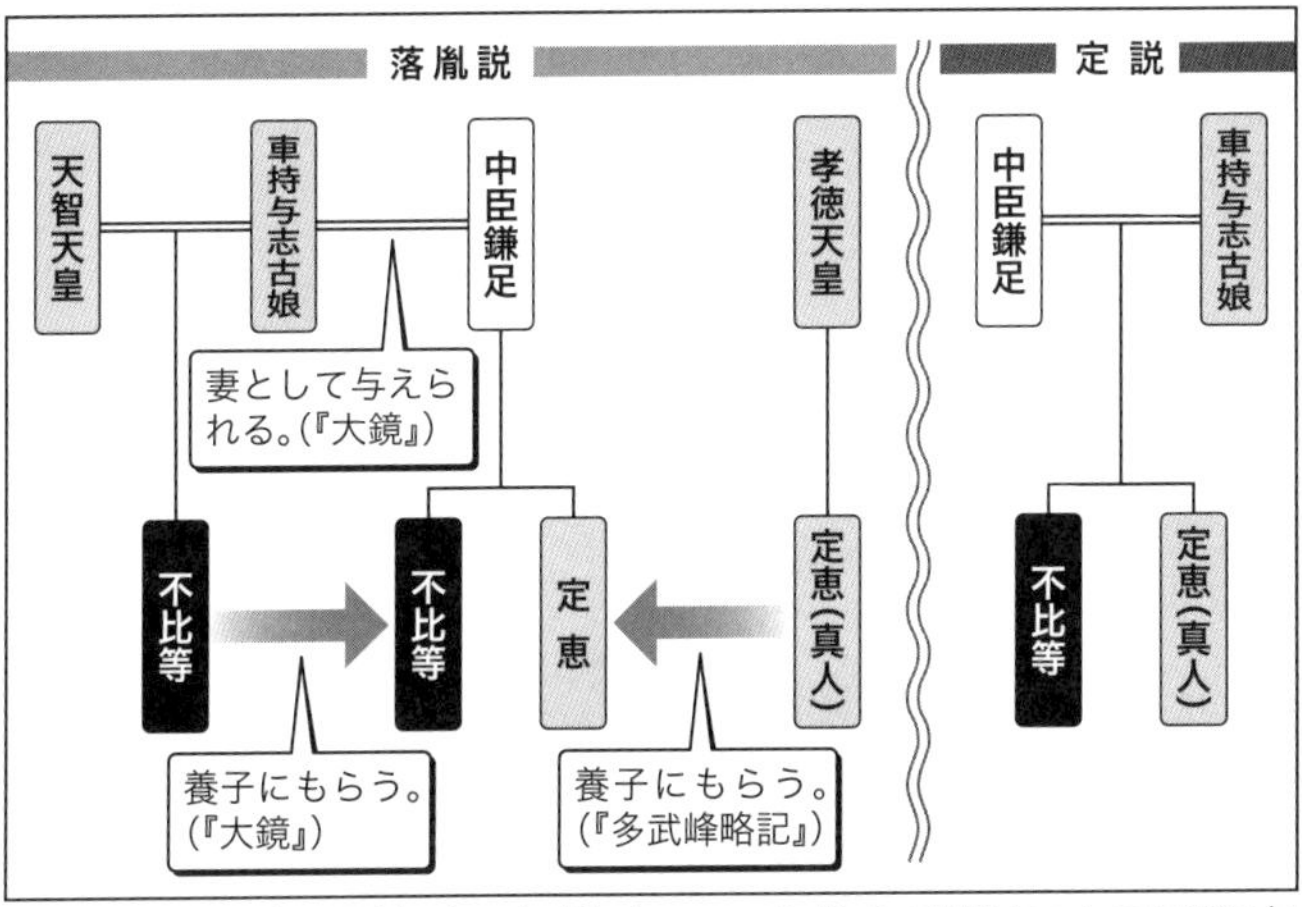

中臣鎌足には2人の子がいたことがわかっているが、その出自については謎に包まれている。

不比等という名の由来は、育てられた乳母の家の名がつけられる古代の風習による。不比等は、山科《やましな》にある田辺史大隅《たなべのふひとおおすみ》の家で育てられたため、田辺史という姓にちなみ「史《ふひと》」と名乗ることになった。田辺氏は渡来人の家系で、ここで不比等は政治や法律に関する知識を得たと考えられる。

☞律令国家の礎を築いた藤原不比等の「その前」は……？

before 養父と実父の加護により出世

『日本書紀』には持統《じとう》天皇三年（六八九）に、直広肆《じきこうし》藤原朝臣史の名がある。これが史料上で最初に登場する藤原不比等である。いわゆる裁判官である官人の職、判事に任命されている。不比等はすでに三二歳となっていたが、幼い頃に身に着けたスキルが生かされたのだろう。

しかし、この不比等の出世は、彼の政治や法律の知識だけではないらしい。じつは彼の出自が大きくものをいった可能性が指摘されているのだ。平安時代に書かれた歴史書『大《おお》鏡《かがみ》』には、「右大臣不比等のおとど（大臣）、実は天智《てんじ》天皇の御子なり。されど、鎌足のおとどの二郎になりたまへり」と、不比等が鎌足の子どもではなく、天智天皇の皇胤《こういん》であると書かれている。天智天皇といえば、鎌足とともに政変を起こし、「大化の改新」を推し進めた中大兄皇子《なかのおおえのおうじ》その人である。

中大兄皇子の子が鎌足の養子になったとはいったいなぜなのか。歴史学者の武光誠氏によれば、不比等の母の家柄から察するに妥当なことだったという。

不比等の母・車持与志古娘《くるまもちのよしこのいらつめ》は、中流豪族の車持氏の生まれだった。当時の天皇は、大《おお》后《きさき》と呼ばれる正妻のほかに妃《みめ》という複数の側室を持っており、車持与志古娘もそのなかのひとりだった。王族や有力豪族の血筋の母であれば、その子は王位継承の可能性があったが、車持氏の地位であれば、皇位継承権を持つ皇子とはみなされない。そのため天智天皇は、自らの近臣である鎌足の養子としても構わないと判断したのだろうという。

前述の『大鏡』には、天智天皇は妊娠した妃を鎌足に与えて、女の子が生まれたら天皇家に、男の子が生まれたら鎌足の子にすると言った、という内容が書かれている。

また不比等だけでなく、兄の定恵《じょうえ》も皇胤だったという。『多武峰略記《とうのみねりゃっき》』によると、定恵は中大兄皇子の叔父・孝徳《こうとく》天皇の子として生まれ、鎌足の養子になっていた。武光氏によれば、中大兄皇子が孝徳天皇と対立すると、定恵は粛清《しゅくせい》を避けるために出家させられ、さらに唐に渡ったと推測する。いずれにせよ出家して唐にいる長男に代わり、不比等が鎌足の跡継ぎとなったわけである。

しかし天皇の後胤であっても当時の政局は極めてシビアである。節目となったのは、天智天皇の崩御（六七二年）ののちに起きた「壬申《じんしん》の乱」である。太子である大友《おおとも》皇子に対し、天智天皇の弟にあたる大海人《おおあま》皇子が反旗を翻して天皇の座を奪い、天武天皇として即位した。

このとき中臣氏の当主・中臣金《かね》が大友皇子についたことで処刑され、一族は没落していったが、不比等は大友方とはみなされなかった。

当時一四歳だった不比等が中立の立場だったこともあるが、天智天皇の後胤であるという視点に基づくと、このときに訴追《そつい》されなかった理由が判然としてくる。天武天皇の皇后である鸕野讃良皇女《うののさららのひめみこ》（のちの持統《じとう》天皇）は、天智天皇の娘、すなわち不比等の異母姉にあたる。また養父・鎌足の娘二人は天武天皇の妃になっていた。こうした縁が、持統天皇の御世に不比等が重用されるきっかけになったと考えられている。

一《いっ》休《きゅう》宗《そう》純《じゅん》

とんち話に、生臭坊主……その正体は北朝の天皇と南朝の側室の間に生まれた高貴な血筋

after とんちで親しまれる〝一休さん〟

一休《いっきゅう》さんこと一休宗純は、江戸時代に人気を博した「一休のとんち話」で知られている。

そのひとつを挙げてみよう。

一休さんは、ある橋を前にした。そこには「このはしを渡るべからず」と書いてある。誰もが渡らないのだが、一休さんは平気でその橋をすたすたと渡った。端ではなく、真ん中を歩いたもんね、というわけだ。

このように庶民に親しまれた一休は室町時代の僧で、幼少から学識や詩の才能が知られていた。が、権威を嫌って清貧を貫き、漂泊の人生を歩んだ。その一方で風狂《ふうきょう》の禅僧として肉食や女犯《にょぼん》などの禁忌を犯し、また朱鞘の木刀をさして歩くなど奇行で知られてもいた。

一休はこうしたふるまいをすることで、庶民が飢饉《ききん》や疫病に苦しんでいるにもかかわらず、禅僧が堕落し、俗物化していることを痛烈に批判したのである。

いかにも変わり者という雰囲気の一休だが、六歳から仏門に入った生粋《きっすい》の禅僧である。ただし、一休が幼い時期に出家をしたのは、政治的意図が働いてのことらしい。

とんちの一休さんとして親しまれる禅僧・一休宗純の「その前」は……?

before

一休出家の陰に足利義満の陰謀

一休が生まれた応永《おうえい》元年（一三九四）は、南北朝の内乱が収束して間もなく、いまだ政治的緊張が続いている時期だが、なんと一休は北朝の後小松天皇《ごこまつてんのう》と南朝方の公卿《くぎょう》の娘との間に生まれた御落胤《ごらくいん》であるというのだ。

同時代の公家・東坊城和長《ひがしぼうじょうかずなが》が記した『和長卿記《かずながきょうき》』という日記には、「秘伝に云《いわ》く、一休和尚は後小松院落胤皇子なり、世にこれを知る人無し」と記されている。

また御落胤と明言してはいないが、一休の弟子たちによって書かれた『一休和尚年譜』にも、後小松天皇との関係性が伺える箇所がある。たとえば、応永《おうえい》三四年（一四二七）の条に、一休と後小松天皇が禅話を交わしていた折、一休が皇位継承者として彦仁王《ひこひと》（のちの後花園《ごはなぞの》天皇）を推挙した一節がある。ほかにも永享《えいきょう》五年（一四三三）の条には、後小松院の崩御の数日前に一休が召されていたこと、文安《ぶんあん》四年（一四四七）の条には、後花園天皇が、絶食絶命しようとした一休を諌止《かんし》したことが認められる。いくら深い帰依《きえ》があったとしても一介の禅僧が、天皇の後継に口を挟んだり病床を訪れたりすることができるものだろうか。御落胤説を考えるうえで無視できない史料である。

では、天皇の御落胤であったとして、まだ幼い一休を出家させ、皇位継承権を失うように仕向けた人物は誰だったのか。有力な説として浮かび上がる人物は室町幕府の将軍・足《あし》利義満《かがよしみつ》である。当時は南北朝の内乱が収束して間もない頃である。北朝方の義満は、南朝方の皇族による謀反を警戒し、南朝の皇族や公家を監視下に置こうとしていた。そこで機能していたのが、一休が初めに入った洛中の安国寺《あんこくじ》をはじめとする官寺である。

これでみると一休も安国寺で幕府の監視下に置かれていたことになる。

しかし一休は北朝の後小松天皇の御後胤でもある。にもかかわらず、母の出自だけでなぜこのような扱いを受けたのか。

歴史家の武田鏡村氏によると、義満の野望によるものだという。その頃、義満は南朝方の皇族だけでなく、崇光《すこう》上皇の子・栄仁《ひでひと》親王や常盤井宮満仁親王《ときわいのみやみつひとしんのう》など北朝方の有力な皇位継承候補を次々と出家させていた。武田氏によると、後小松天皇の皇位継承者を排除して、あわよくば自らの子どもを皇位につけようとしていたという。つまり一休は義満の陰謀のために強制的に出家させられてしまった、というのだ。

生まれながらのしがらみゆえに、強い反骨精神が培われたのかもしれない。

豊《とよ》臣《とみ》秀《ひで》頼《より》

秀吉が溺愛した息子は、実は秀吉の子どもではなかった!?

after 当時から疑惑があった淀殿の密通

戦国の世に天下人にまで上り詰めた豊臣秀吉にとって、長らくの悩みの種だったことがひとつある。それは、子宝に恵まれなかったことだ。五三歳になった天正一七年（一五八九）、ようやく淀殿《よどどの》との間に第一子・鶴松《つるまつ》を授かったが、鶴松は三歳で病死してしまった。だが、文禄二年（一五九三）に淀殿との間に拾丸《ひろいまる》（のちの秀頼）が誕生。鶴松とは違い、跡継ぎとして成長していった。

秀頼は、豊臣家の唯一の跡取りとして秀吉や淀殿に寵愛されて育っていった。しかし、当時から、秀吉の本当の子供であることを疑う声があった。なにしろ、秀吉とともに二人三脚で歩んできた正室の寧々《ねね》のほかにも、女好きで知られた秀吉には多くの側室がいたのに、なかなか懐妊する女性がいなかったからだ。それほど長く子供に恵まれなかったにもかかわらず、秀吉が五〇歳を過ぎてから、淀殿だけが二度も子を宿しているのは、確かに怪しい。

豊臣秀吉の実子とされる秀頼の「その前」とは……？

before 秀頼が秀吉の実子とは考えられない歴史的証拠

秀吉にしてみれば大きなお世話だろうが、受胎当時のスケジュールを検証して秀吉の子である可能性を否定している研究者もいる。秀頼が生まれたのは文禄《ぶんろく》二年八月三日のことだ。授かった時期を逆算すると、文禄元年（一五九二）一一月初めとなる。歴史学者の服部英雄氏によれば、淀殿が秀頼を身籠ったとき、秀吉と淀殿は一緒にいなかったという。

秀吉は同年四月から、朝鮮出兵のために九州の肥前名護屋城《ひぜんなごやじょう》に遠征していた。秀吉の母である大政所《おおまんどころ》の死去により、一旦は大坂に戻ったものの、一〇月一日には再度肥前に向かっている。秀吉の公的なスケジュールが残っている以上、淀殿はこの九州遠征に同行していなければ、秀頼懐妊のつじつまが合わなくなる。

しかし、秀吉の名護屋城滞在中にずっとそばにいたのは、京極龍子《きょうごくたつこ》という側室だった。一方の淀殿は、名護屋城に入ったという〝噂〟だけが当時囁かれていたものの、公式の記録では一切登場しない。秀吉が派手な行列で入城した際にも、淀殿が群衆の前に姿を現わしたという記録はなく、多くの歴史家は淀殿の肥前名護屋城への下向の噂を誤伝としている。

となると、淀殿は当時大坂にいたわけで、そうしたときに秀頼を授かったということは、大坂で別の男性と関係を持っていたことになる。それはいったい誰なのか。

秀吉が一時期後継者としていた甥で養子の秀次に仕えていた木村重成《きむらしげなり》、織田信長の一族の血を引く名護屋山三郎《さんさぶろう》など、美男子として知られる人物の名前が挙がるなかで、もっとも有力視されているのが大野治長《おおのはるなが》である。

大野治長は、秀吉、そして秀頼の重臣だが、淀殿とも浅からぬ縁がある。治長の生母である大蔵卿局《おおくらきょうのつぼね》は、淀殿の乳母なのだ。つまり二人は乳兄弟なのである。幼少期だけでなく、その後も淀殿のそばには大蔵卿局が仕えていた。治長が母のサポートやフォローをしたかどうかはともかく、天下人の愛妾である淀殿に近づくことができる、数少ない男性であることは間違いないのだ。

秀吉の没後、秀頼を支える豊臣政権の筆頭格である毛利《もうり》家内部にすら、淀殿と治長の密通の風評が立ったという。淀殿の二度の妊娠の相手とまでは断定していないものの、人々の想像を掻き立てるには十分であったろう。

大坂落城のとき、大野治長の弟である治房《はるふさ》が、秀頼の嫡子・国松《くにまつ》を抱いて逃げた。主君の子であるからか、それとも本当は兄の孫であるということを知っていたからか、その行動の真意は不明である。

天草四郎《あまくさしろう》

「島原の乱」を率いた青年武将そのカリスマ性の源泉にあるのは、太閤の血？

after 「島原の乱」のカリスマ

長い戦乱の世が幕を閉じ、天下泰平の世が訪れた江戸時代初期、現在の長崎県で大規模な一揆が起こった。寛永《かんえい》一四年（一六三七）に始まった「島原《しまばら》の乱」である。圧政や重税で生活に窮《きゅう》した百姓たちの蜂起から始まったのだ。一揆は、たちまち天草まで広がりキリスト教弾圧に抗う宗教一揆の様相を帯びていった。

この地はかつて、キリシタン大名の有馬晴信《ありまはるのぶ》が治めた地だったことから、キリスト教信者が多かった。

徳川幕府はこの反乱の鎮圧に苦慮した。この強固な結束の求心力となっていたのが、若きカリスマとして後世にも名を遺す大将・天草四郎時貞《ときさだ》である。

天草四郎は、実際の姓は益田《ますだ》とされている。父は肥後南部の領主でキリシタン大名である小西氏の家臣であったというのが通説だ。

島原の乱最大の激戦地となった原城に立つ天草四郎像。

☞天草四郎のカリスマ性の源がわかる「その前」とは……？

before

天草四郎のオドロキの出生秘話

天草四郎は、豊臣秀吉の嫡子・秀頼の息子だったという説がある。

秀頼は、元和《げんな》元年（一六一五）の「大坂夏の陣」における落城とともに自刃したというのが定説だ。

しかし豊臣家には秀頼と嫡子国松、さらに生母の淀殿に至るまで、影武者を身代わりとして大坂城を脱し、天寿を全うしたという伝説が残る。

秀頼にも当時から市井《しせい》の人々の間で「花のようなる秀頼様を、鬼のようなる真田が抱いて、退《の》きも、退きたり薩摩まで」という歌が流行したり、薩摩の史料に秀頼生存説がいくつか残るなど、生存説がまことしやかに伝えられていた。

旧谷山市（現・鹿児島市谷山地区）の郷土史では、「大坂の陣」以降に二〇〇人規模の集団が移住してきたこと、秀頼が谷村某の家に住んだことを伝えている。時代は下って寛《かん》政《せい》六年（一七九四）には、肥後熊本《ひごくまもと》の斎藤権之助《さいとうごんのすけ》という人物が薩摩で調査を行ない、秀頼の屋敷跡や墓を発見したほか、秀頼が真田信繁《さなだのぶしげ》（幸村）と申し合わせて討死を偽装したのち、ともに薩摩逃れて木下姓を名乗ったという伝承を残している。

驚くべきは、作家の前川和彦氏が述べている説である。前川氏によると、秀頼は谷山の豪商へ身を寄せて木下出雲守宗連《きのしたいずものかみむねつら》と名乗って、庄内高坂城主の血縁の女性を側室として娶って子をもうけたというのだ。薩摩で生まれた子の兄は谷村《たにむら》誉三郎正之、弟は羽柴天四郎《はしばてんしろう》秀綱《ひでつな》というらしい。

そしてこの弟が、「島原の乱」の総大将になったというのである。

これは前川氏が発見した、表紙もなく著者もない筆書きの史料が根拠となっている。

もちろん史料の信頼性を考慮すれば、秀頼の子が天草四郎だということなど、荒唐無稽な説である。

果たしてこれが、新たな発見によって真実と実証される日が来るのだろうか。

豊《とよ》臣《とみ》秀《ひで》吉《よし》

戦国時代の出世頭が、信長に仕える前の意外な主とは？

after 農民ではなく商人だった？

太閤《たいこう》豊臣秀吉――。織田信長のもとで日夜身を粉《こ》にして働いて出世し、やがて天下人となった人物として知られる。

清須城《きよすじょう》の普請《ふしん》工事や墨俣《すのまた》一夜城の築城でその名を知られるようになった秀吉は、稲葉山《いなばやま》城攻めでさらに功績を挙げ、次第に織田家中での地位を築いていく。

天正元年（一五七三）に近江を与えられて一国の主となり、やがて中国攻めを任されることとなる。天正一〇年（一五八二）、備中高松城《びっちゅうたかまつじょう》攻めの最中に「本能寺《ほんのうじ》の変」の急報を受けると、ただちに毛利氏と和睦《わぼく》を結び、兵をかえして明智光秀《あけちみつひで》を山崎の戦いで破った。

その後、柴田勝家《しばたかついえ》との後継争いに勝利すると、四国の長宗我部《ちょうそかべ》、三河《みかわ》の徳川《とくがわ》、九州の島津《しまづ》を降し、天正一八年（一五九〇）、小田原の後北条氏を滅亡させ、さらに東北の諸大名を屈服させ天下統一を果たしたのである。

before 秀吉が仕えた意外な最初の主君

秀吉は尾張国愛知郡中村郷で生まれた百姓の子、と伝わる。しかし、その出自は百姓だけでなく、諸説あるのだ。『太閤素生記』などによれば、秀吉は幼くして父を亡くしたのち近所の寺で奉公に出たがすぐに出奔し、針の行商をしながら各地を放浪したと伝わる。歴史学者の石井進氏によれば、秀吉の親類には、商人や職人が多く、秀吉も連雀《れんじゃく》商人（行商人）だったという。秀吉がその後頭角を現わすときの情報収集能力や経済感覚は、商人として培われたのかもしれない。秀吉が土豪の蜂須賀正勝を直臣に取り立て、その正勝の広い人脈を活用したのも、情報の重要性を熟知していたのではないかといわれている。

いずれにせよ、のちの豊臣秀吉である少年・藤吉郎は一度、尾張を出て東海道を東へ下っている（『太閤素生記』）。そして今川領の遠江までたどり着くと、頭蛇寺《ずだでら》城を治めていた松下之綱《まつしたこれつな》、あるいはその父の長則《ながのり》の家臣となり武家奉公を始めた。尾張で生まれながら、最初は織田家ではなく、ライバルの今川家に仕官していたのだ。そして之綱のもとで熱心に働き、草履《ぞうり》とりから納戸役に抜擢されるようになる。

しかし、藤吉郎の松下氏の奉公人としての暮らしは長く続かなかった。他国の新参者は、

秀吉がその名を高めたとされる墨俣一夜城。実際は砦のようなものであったとされるが、現在は立派過ぎるほどの天守が再現されている。

同輩からの嫉妬やいじめの対象となり、見かねた松下氏が路銀を与えて出奔させたのである。そして尾張に戻ると、信長の小者（下僕）のがんまくと一若という者と知り合った縁で、尾張那古野《なごや》城の織田信長に仕えることとなったのである。天文二三年（一五五四）、一八歳の時のことだ。

こうして信長のもとで働き始めた秀吉だったが、信長のライバルである今川氏家臣の松下氏に仕官していたことは、決して秀吉にとって負い目だったわけではないようだ。秀吉は、自らが天下人となったあと、落ちぶれて浪人の身となっていた松下之綱を一万六〇〇〇石の大名に取り立てている。出世を見込めず離れたものの、主君である之綱に秀吉は恩義を感じていたようだ。

山《やま》本《もと》勘《かん》助《すけ》

武田信玄を支えた名軍師が隻眼になったワケ

山本勘助は、武田信玄《たけだしんげん》に仕え、軍師として活躍したことで有名だ。「川中島の戦い」でのキツツキ戦法など、数々の軍略を駆使したことは『甲陽軍鑑《こうようぐんかん》』などの軍記に詳しい。しかし、この勘助の生涯は長い間、謎に包まれていた。

生年は不詳。出身地も三河牛窪《うしくぼ》（愛知県豊川市）や、駿河山本（静岡県富士宮市）など諸説あり、長い期間、諸国を歩いて仕官の口を探していたようだが、その様子も分かっていなかった。天文一二年（一五四三）に五一歳ぐらいで武田信玄と初めて会い、その才能を認められて仕官したといわれているが、あまりに実態が分からないことから、勘助は架空の人物ではないかという説まで浮上していた。しかし昭和四四年（一九六九）、信玄が市河藤若《いちかわふじわか》に当てた手紙のなかにその名が発見され、いまでは実在説が定説となっている。

謎の人物から実在を証明されるに至った山本勘助の「その前」は……？

before

武田家に仕官するまでの過酷な武者修行

軍記物などに登場する勘助は、隻眼《せきがん》で足が不自由な人物となっている。隻眼や足が不自由なのは、度重なる戦で受けた傷なのでは……と思えるのだが、じつは、その原因は全く戦とは関係がなさそうなのだ。なんと、少年時代に猪と戦った末の負傷だという。

その話が伝わっているのは、三河加茂の山本家だ。この地は、勘助の生誕地ではないかといわれている土地のひとつ。勘助が少年だった頃、加茂の村では、山から下りてきた猪が畑を荒らして困っていた。勘助は、村の人のためにこの猪退治に挑んだ。

果敢にも大きな猪の背中に飛び乗って、竹槍で猪を突いた勘助。しかし、何度も竹槍で突いても猪は倒れず、勘助を乗せたまま山の中を逃げ回った。その途中、勘助は木の枝に目を突かれて片目が潰れ、岩にぶつかって足に怪我をしたという。

同様の話が、周防《すおう》（現・山口県）の山本家にも伝わっている。それによると、勘助は周防の大内義隆《おおうちよしたか》に仕えていた時代があるという。勘助は、ある村で猪が出て畑を荒らされて農民が困っているのを知り、自ら名乗り出て猪を退治した。その後、勘助は猪狩りの名人として有名になり、様々な村から頼まれて猪を退治していたが、ある時、大きな猪と格闘していた際に枝が目に突き刺さったという。

二つの伝承は、猪狩りをした年齢や足の怪我の話の違いなどはあるものの、目の怪我などの細部は同じ。勘助は、天才軍師というよりも猪と格闘する勇猛な武者だったようだ。

【参考文献】

『陸奥宗光とその時代』岡崎久彦、『愛とゴシップの「平安女流日記」』川村裕子、『岩倉具視　幕末・維新の群像第二巻』毛利敏彦、『西郷隆盛の思想　道義を貫いた男の心の軌跡』上田滋、『日本史の主役　藤原氏の正体　鎌足から続く1400年の歴史』武光誠、『板垣退助』高野澄（以上、PHP研究所）／『上杉鷹山』日本歴史学会編、桂山昭著、『水野忠邦』北島正元著、日本歴史学会編、『吉備真備』宮田俊彦著、日本歴史学会編、『紀州藩主　徳川吉宗　明君伝説・宝永地震・隠密御用』藤本清二郎、『徳川光圀』鈴木暎一著、日本歴史学会編、『北条政子　尼将軍の時代』野村育成（以上、吉川弘文館）／『上杉謙信〈新装版〉』花ヶ前盛明、『西郷隆盛のすべて』五代夏夫編、『伊達政宗謎解き散歩』佐藤憲一編、『一休　応仁の乱を生きた禅僧』武田鏡村、『越後の龍　謙信と上杉一族　別冊歴史読本No.789』（以上、新人物往来社）／『Truth in history8　武田信玄―武田三代興亡記』吉田龍司、『Truth in history6　前田慶次―武家文人の謎と生涯』今福匡、『Truth in History18　豊臣一族―秀吉を輩出した謎の系譜』川口素生（以上、新紀元社）／『図説　伊能忠敬の地図をよむ』渡辺一郎、『岩崎弥太郎　海坊主と恐れられた男』鍋島高明、『年表作家読本　三島由紀夫』松本徹（以上、河出書房新社）／『江戸学者おもしろ史話』杉田幸三、『正伝野口英世』北篤（以上、毎日新聞社）／『秀吉神話をくつがえす』藤田達生、『藤原道長の日常生活』倉本一宏、『大久保利通』佐々木克監修（以上、講談社）／『史伝　伊達政宗』小和田哲男、『歴史群像シリーズ75創業者列伝（上）―熱き信念と決断の軌跡』（以上、学習研究社）／『斎藤道三と義龍・龍興―戦国美濃の下剋上』横山住雄、『築城の名手　藤堂高虎』福井健二（以上、戎光祥出版）／『徳川家康家臣団の事典』煎本増夫、『渋沢栄一を知る事典』渋沢栄一記念財団（以上、東京堂出版）／『新井白石　闘いの肖像』入江隆則、『松尾芭蕉　新潮古典文学アルバム18』雲英末雄（以上、新潮社）／『謎とき平清盛』本郷和人、『目で見る日本史　維新の青春群像』小西達郎編、『高杉晋作』一坂太郎（以上、文藝春秋）／『徳川将軍家　おもしろ意外史』加来耕三、河合敦、『平家物語おもしろ意外史』加来耕三（以上、二見書房）／『戦国軍師の知略　将を動かし勝機を掴む』中江克己、『商家の家訓』山本眞功監修（以上、青春出版社）／『戦国参謀』佐々克明、『春日局』童門冬二（以上、三笠書房）／『河原ノ者・非人・秀吉』服部英雄、『渋沢栄一　近代日本社会の創始者』井上潤（以上、山川出版社）／『南方熊楠』松居竜五、『陸奥宗光』萩原延壽（以上、朝日新聞社）／『敗者列伝』伊東潤、『戦国女人抄』佐藤雅美（以上、実業之日本社）／『武田信玄大全』二木謙一、『徳川家康大全』小和田哲男（以上、KKロングセラーズ）／『宇喜多尚家・秀家西国進発の魁とならん』渡邊大門、『乃木希典』佐々木英昭（以上、ミネルヴァ書房）／『伊藤博文―知の政治家』瀧井一博、『後藤又兵衛―大坂の陣で散った戦国武将』福田千鶴、『大久保利通』毛利敏彦、『南方熊楠』唐澤太輔（以上、中央公論新社）／『岩倉具視』大久保利謙、『頼山陽とその時代』中村真一郎（以上、中央公論社）／『カラー版　北斎』大久保純一（岩波書店）／『シリーズ藩物語　宇和島藩』宇神幸男（現代書館）／『ペリー提督　日本遠征とその生涯』宮永孝（有隣堂）／『もっと知りたい葛飾北斎　生涯と作品』永田生慈監修（東京美術）／『伝記　ペリー提督の日本開国』サミュエル・エリオット・モリソン著、座本勝之訳（双葉社）／『藤原定家』久保田淳（筑摩書房）／『伊能忠敬　日本地図に賭けた人生』川村優（東京書店）／『一休　別冊太陽』芳澤勝弘監修（平凡社）／『殴り合う貴族たち　平安朝裏源氏物語』篠田信一（柏書房）／『企業家たちの幕末維新』高本マコト（メディアファクトリー）／『吉田松陰と松下村塾の秘密と謎』中見利男（宝島社）／『教科書には載っていない！幕末の大誤解』熊谷充晃（彩図社）／『検証　もうひとつの武将列伝』井沢元彦（有楽出版社）／『源氏物語ハンドブック』鈴木日出男（三省堂）／『高橋是清　日本のケインズ　その生涯と思想』リチャード・J・スメサースト著、鎮目雅人ほか訳（東洋経済新報社）／『高橋是清伝』高橋是清口述、上塚司筆、矢島裕紀彦訳（小学館）／『黒田官兵衛と軍師たちの「意外」な真実』熊谷克晃（大和書房）／『今に生きる塙保己一　盲目の大学者に学ぶ』堺正一（埼玉新聞社）／『坂本龍馬　その偽りと真実』星亮一（静山社文庫）／『山本勘助の謎を解く』渡辺勝正（大正出版）／『史伝頼山陽』安藤英男（大陸書房）／『実録　戦国北条記』伊東潤（エイチアンドアイ）／『秀頼脱出』前川和彦（国書刊行会）／『住友の歴史』住友史料館編（思文閣出版）／『小村寿太郎　近代随一の外交家　その剛毅なる魂』岡田幹彦（展転社）／『松尾芭蕉　俳句シリーズ・人と作品１』宮本三郎、今栄蔵（桜楓社）／『新日本の六大企業集団』奥村宏（ダイヤモンド社）／『西行　人と思想１４０』渡部治（清水書院）／『西行』饗庭孝男（小沢書店）／『前田利家　栄光の軌跡』青山克彌（勉誠出版）／『素顔の塙保己一　盲目の学者を支えた女性たち』堺正一（埼玉新聞社）／『平賀源内の生涯　甦る江戸のレオナルド・ダ・ヴィンチ』平野威馬雄（サンポウ・ジャーナル）／『平清盛と平家のひとびと』井上辰雄（遊子館）／『保科正之　民を救った天下の副将軍』中村彰彦（洋泉社）／『本当は偉くない？歴史人物　日本を動かした70人の通信簿』八幡和郎（ソフトバンク・クリエイティブ）／『幕末　その常識のうそ』北岡敬（鷹書房）／『藤原不比等』奈良県歴史展示企画会議監修（奈良県地域振興部文化資源活用課）／『徳川光圀　悩み苦しみ、意志を貫いた人』吉田俊純（明石書店）

監修者　**後藤寿一**（ごとうじゅいち）

1943年生まれ。早稲田大学卒業後、サンケイ新聞を経て、フリー・ジャーナリストとなる。とくに歴史に造詣が深く、現在は近現代史の研究を進めている。主な著書に、『日本史・あの人たちのあっと驚く「結末」辞典』（実業之日本社）、『図説地図とあらすじでわかる！　明治と日本人』（青春出版社）、『日本史世界史並列年表』（PHP研究所）、『日本史　泣かせるいい話―本当にあった胸を打つ人間ドラマ』（河出書房新社）、『日本史兄弟対決』（柏書房）などがある。

※本書は書き下ろしオリジナルです。

じっぴコンパクト新書　339

JIPPI Compact

ほんとはこんなに残念《ざんねん》な日本史《にほんし》の偉人《いじん》たち

2018年1月10日　初版第1刷発行

監修者……………後藤寿一
発行者……………岩野裕一
発行所……………株式会社実業之日本社
〒153-0044 東京都目黒区大橋1-5-1 クロスエアタワー8階
電話（編集）03-6809-0452
　　（販売）03-6809-0495
http://www.j-n.co.jp/
印刷・製本…………大日本印刷株式会社

ISBN978-4-408-33758-6（第一趣味）